손주와 함께하기

손주와 함께하기

글 셰리 풀러 | 옮김 이선화

펴낸날 2022년 1월 3일 초판1쇄
펴낸이 김남호 | 펴낸곳 현북스
출판등록일 2010년 11월 11일 | 제313-2010-333호
주소 07207 서울시 영등포구 양평로 157, 투웨니퍼스트밸리 801호
전화 02)3141-7277 | 팩스 02)3141-7278
홈페이지 http://www.hyunbooks.co.kr | 인스타그램 hyunbooks
편집 전은남 | 디자인 박세정 | 마케팅 송유근 함지숙
ISBN 979-11-5741-286-0 13370

손 주 와
함 께 하 기

connect
with your
grandkids

셰리 풀러 지음
이선화 옮김

혠북스

차례

1
손주와 함께하기의 기쁨

손주는 매우 특별하다.

손주를 '위대한' 아이들이라고 부르는 이유일 것이다.

물론 조부모도 손주들에게 '위대'하다.

— 딕 에어스

나는 손을 흔들며 며느리와 작별 인사를 했다. 며느리는 생후 3주 된 손녀 조세핀과 함께 비행기를 타고 오클라호마주에서 메릴랜드주 베데스다로 가서, 아들 크리스와 새로운 집에 정착하게 될 것이다. 나는 그때 1년 후 아들이 아예 바다 건너 하와이의 해병대 외과 의사로 전출된다는 걸 모르는 채, 비록 멀리 떨어져 있더라도 마음은 함께하기를 기원했다. 큰아들 내외는 몇 년 후 새로 태어난 손주 케이틀린, 칼렙과 함께 오하이오주 신시내티로 이사했다. 다시 2년 후에는 세인트루이스로 이사했다.

아들네는 처음 몇 년 동안 우리 집에서 불과 15분 거리에 살았고, 우리와 즐거운 시간을 함께하며 친밀함을 나누었다. 아들네는 멀리 다른 주로 이사 갔다. 나는 진입로를 빠져나가는 그들을 향해 손을 흔들며, '사랑스러운 손주들이 비록 13시간이나 떨어진 곳

> "너희 할머니는 어디 사시니?"
> "할머니는 공항에 살고 계세요. 만나고 싶을 때 거기로 모시러 가요. 가실 땐 다시 공항으로 모셔다드려요."
>
> — 여덟 살짜리 아이

에서 살더라도 언제나 함께하도록 도와주소서.' 하고 마음속으로 기도했다.

나는 여섯이나 되는 손주와 다정한 관계를 이어 가고 있다. 손녀 셋, 손자 셋으로 나이는 두 살부터 열한 살까지이다. 이름은 케이틀린, 칼렙, 노아, 루크, 조세핀, 루시이다.

멀리 살아도 가깝게 느끼는 비법

나를 비롯하여 미국의 수백만 베이비부머는 가족들과 멀리 떨어져 사는 조부모가 되었다. 현재 베이비부머는 전 인구의 30% 이상을 차지한다. 베이비부머 조부모들은 직장 생활, 여행 등 여러 가지 일로 바쁘지만 손주들과 함께 추억을 만들고 애정 어린 영향을 주기를 원한다. 나는 멀리 떨어져 있는 손주들과 깊은 유대를 나

누며 살아가는 조부모들과 소통하며 살고 있다. 현명한 어떤 이는 "중요한 것은 당신이 사는 장소가 아니고 당신이 어떤 사람인가 하는 거다."라고 말했다. 나는 어떻게 손주들의 안전과 평안을 위해 기도하고, 물리적인 거리를 뛰어넘어 손주를 격려하고, 사랑의 유산을 만들어야 하는가를 고민한다. 우리가 손주와 나누는 좋은 추억과 따뜻한 격려는 평생 지속될 수 있다.

사소한 것들

조부모들과 인터뷰하며 내가 배운 가장 중요한 것은, 좋은 관계를 만들어 가는 데는 커다란 이벤트보다는 사소하지만 꾸준하고 성의 있게 지속하는 행동이 훨씬 효과적이라는 점이다. 이 책에서는 이러한 사소한 일을 많이 찾을 수 있다. 더불어 조부모의 가치와 축복에 대한 감동적인 이야기도 볼 수 있다.

이 책에는 손주가 가까이 살거나 멀리 살거나 상관없이 조부모가 손주들과 관계를 형성해 가는 데 유용한 아이디어가 가득하다. 예를 들면, 웹캠을 사용해 잠자리에서 책 읽어 주기, 방문 후 집에 가져갈 작은 앨범 만들기, 관심사를 나누기 위해 전자 카드 보내기, 함께 여행하기 등이다.

다양한 체구와 나이

요즘 조부모들은 체구, 나이, 모습, 삶의 상황이 제각기 다르다. 조부모라고 해도 건강을 잘 유지하고, 활기찬 생활 방식으로 인해 과거

> 아이는 오직 한 번 태어나지만 조부모는 새로운 손주가 태어날 때마다 다시 태어난다.
>
> ― 존 홀맨

조부모보다 젊어 보인다. 나는 70대, 혹은 그 이상의 나이에도 손주들의 삶에 적극적으로 관여하는 훌륭한 조부모들을 만났다.

처음으로 할머니가 된 이는 너무 기뻐서 사랑스럽고 똑똑한 손주를 자랑하기 위해 책을 내기도 했다. 손주가 여러 명 태어나는 축복을 누리는 어떤 이는 모든 손주와 자주 연락하면서 손주들을 똑같이 사랑한다. 자신들이 그 나이일 때 맞닥뜨렸던 것과는 전혀 다른 어려운 상황에 부닥쳐 있는 십 대 손자와 손녀를 둔 이도 있다.

손주가 일주일에 한 번 데리러 갈 수 있을 만큼 가까운 거리에 살고 있어 유대 관계를 만들기가 훨씬 수월한 이가 있는가 하면, 세 가족의 손주들이 각각 멀리 떨어져 살고 있어 유대 관계를 만들기가 힘든 경우도 있다. 손주와 함께 멋진 여행을 갈 수 있을 만큼 돈이 많은 이가 있는 반면에 돈은 부족하지만 뒤뜰에서 손주들과 유대를 맺을 수 있는 멋진 일을 하는 이도 있다. 은퇴 후 손주들을

방문하기 위해 전국을 돌아다니며 여행을 할 만큼 시간이 충분한 이도 있고, 직장을 다니거나 파트타임으로 일을 하느라 바쁘지만 손자 손녀에게 축복이 되기를 원하는 이도 있다.

> 손주들은 나의 영혼을 날아오르게 한다.
>
> — 재클린 케네디 오나시스가 그녀의 손주들에 대해 한 말

당신은 퍼피와 와와, 미미와 그램프, 오마와 오파(독일-네덜란드어로 조부모) 또는 나나와 붐파로 불릴 수 있다. 내가 들어 본 조부모에 대한 호칭 중 가장 재미있는 것은 '툿시'와 '팝스' 그리고 '허니'와 '그랜댄'이다. 우리 부부는 '난디'와 '포파'로 불린다. 왜냐하면 우리 첫 손녀가 우리를 그렇게 불렀기 때문이다. '가가'와 '듀파', '노니'와 '팝스'로 불리는 사람도 보았다. 앤은 '흰색 차 아마'인데, 쌍둥이 손자가 독창적으로 이름을 지어서 그렇게 불리게 되었다. 정말 최고다!

우리가 어떤 이름으로 불리든, 우리가 어떻게 다르든 우리 모두에게는 한 가지 공통점이 있다. 바로 손주들과 함께하고 싶은 욕망이다! 그래서 이 책을 집어 든 것이다. 우리는 손주들을 사랑하고, 손주들의 삶에 든든한 버팀목이 되고, 긍정적인 영향을 미치고 싶어 한다.

장담하건대 조부모는 쓸모없는 사람이 아니다! 조부모는 모든 가족의 인생에서 중요한 위치를 차지한다. 가족은 변화하고 있다.

이혼이 증가함에 따라 한부모 가정이 늘어나고 있으며, 이러한 경향은 조부모에게 커다란 영향을 미친다. 때로는 자녀의 재혼으로 새로 손주가 생기기도 한다. 현대 사회의 특성상 자녀들이 일터 때문에 거주지를 자주 옮겨 다니다 보니 멀리 떨어져 사는 경우가 많아져 간다. 아이들은 대부분 최신 유행을 좇고 일정이 바쁘다 보니 관계 형성에 어려움이 많다.

이러한 문제는 손주들이 십 대 초반인 시기에 특히 심각하다. 우리가 아이를 키우면서 경험한 것과 마찬가지로 손주가 나이를 먹을수록 손주들과 함께하는 일은 더욱 힘들어진다. 아이들의 세계는 빠르게 확대되고, 가족이나 조부모보다도 친구에게 더 많은 관심을 가질 수 있다! 그럼에도 불구하고 우리가 손주들이 어릴 때부터 꾸준히 이메일이나 우편으로 카드를 보내거나, 짧은 문자 메시지를 주고받으면서 관계를 유지해 왔다면, 비록 멀리 떨어져 있더라도 조부모의 사랑과 지지를 느낄 것이다. 손주들이 당장 말로 표현하지 않더라도, 깊은 뜻을 알아차리지 못하더라도, 이러한 일들이 손주들의 삶을 바꿔 줄 수도 있다. 누군가 말했듯이, 우리는 폭풍을 피하는 항구가 되거나 폭풍의 일부가 될 수도 있다. 당신이 십 대 초반의 손주에게 조건 없는 사랑을 주고 가정의 문을 열어 둠으로써 손주들의 일정표에 당신을 위한 공간이 있다면 얼마나 좋겠는가!

아이들을 키우는 시기는 부모가 힘든 시간이다. 현대 사회에서는 가족과 일의 균형을 맞추기 위해 고군분투하는 부모가 증가하고 있다. 요즘은 우리가 아이들을 양육할 때는 존재하지 않았던 학교 폭력, 인터넷의 과도한 사용, 공부 스트레스, 다문화 가정 등이 손주들의 행복에 스트레스를 주고 위협이 되고 있다.

이러한 점이 조부모의 도움이 예전보다 더 필요한 이유이다. 조부모는 피곤한 부모를 지원해 줄 수 있을 뿐만 아니라 손주들에게 꼭 필요한 안정감, 안전, 조건 없는 사랑으로 생기를 돋우는 사람이 될 수 있기 때문이다. 우리는 손주가 두 살이든 열여덟 살이든 간에 단순히 그들을 믿어 주고 함께하기를 유지하는 것만으로도 손주들의 삶에 엄청난 변화를 가져다줄 수 있다.

당신은 어떤 조부모가 될 것인가?

당신은 되고자 하기만 한다면 어떤 조부모라도 될 수 있다! 쿠키 굽는 할머니들은 부엌에서 최고의 창의성을 발휘한다. 그들은 손주가 빵, 시나몬롤, 홈메이드 피자를 만드는 것에 참여하는 것을 좋아한다. 예술적인 조부모들은 예술과 공예에 관한 관심을 손주들과 공유한다. 린다 자크리라는 책 읽는 할머니는 나에게 다음과 같은 글을 써 주었다.

─────────── 나와 남편은 텍사스의 댈러스에 살고, 손녀는 캘리포니아의 레돈도 비치에서 부모와 살고 있다. 손녀 페기는 멀리 떨어져 있음에도 적어도 세 달에 한 번은 만나서 책 읽어 주는 나를 사랑한다. 《잘 자요, 달님》, 《토끼 쓰다듬어 주세요》, 《노아의 방주》(피터 스피어 그림)와 《넌 할 수 있어, 꼬마 기관차》이다. 나는 책 읽어 주는 할머니가 된 것을 좋아한다.

나는 최근에 3년 동안 미국의 50개 주 마라톤에 모두 한 번씩 참가하여 50번의 마라톤을 완주한 키 1m 60cm의 67세 된 용감한 마라톤 할머니를 만났다! 그녀의 열 살 된 손자는 10km의 어린이 경주부터 합류하기 시작했다. 이와 같은 경험의 공유는 그들 사이에 깊은 유대를 만들었다.

또 자전거를 타거나 화창한 날에 동물원으로 놀러 가는 것보다 더 좋은 것은 없다는 분, 오후에 손주와 함께 낚시를 즐기는 분, 손주와 매년 캠핑 여행을 떠나는 것이 유대를 만드는 가장 좋은 방법이라고 하는 분도 있다. 심지어 손주를 위하여 스페인어 강좌를 열고, 예절 교실을 만들어 가르치는 할머니도 만났다.

손주를 자주 방문하지는 않지만 강한 인상을 남기는 할머니도 있다. 손주들은 할머니가 오면 정신없이 재미있고 활동적인 시간을 보낸다. 연극을 하는 조부모는 손주를 위해 크리스마스나 특별한 행사에 희곡을 써서 공연을 한다. 내가 좋아하는 패티는 아름다운 흰머리를 자기가 좋아하는 색인 옅은 핑크로 물들이는 괴짜 할머니이다.(패티의 손자도 그런다.)

내 여동생 매릴린은 뒷마당에서 어린 손자 데커가 로켓 발사하는 것을 도와주는 '과학 실습 도우미' 할머니이다. 매릴린은 데커를 방문할 때 호기심을 자극하기 위해 '곤충 채집망'처럼 매력적인 아이템을 가져간다.

대부분은 할머니들이 손주들과 함께 활동을 시작하지만 할아버지도 손주에게 긍정적인 영향을 주며 멋진 관계를 만들 수 있다. 할아버지는 가족의 역동성만큼이나 중요하다! 여섯 살짜리 우리 손자는 할아버지 홈스에 대해 이렇게 말한다.

"그는 내 하빠다!
그는 훌륭하고 우리와 함께한다.
하빠는 내가 찾아가면 나를 하빠의 크고 편안한 빨간 의자에 앉힌다.
하빠는 정말 친절하고 운전을 잘한다.
나는 하빠를 사랑한다!"

– 루크, 여섯 살

당신은 조부모로서 해야 할 고유한 역할을 선택할 것이다. 여기에 꼭 해야만 하는 역할이나 모든 것을 포함하는 종합적인 규칙은 없다. 조부모가 꼭 해야만 하는 일이 있다는 선입견에서 벗어나야 한다. 당신 자신이 돼라!

당신이 해야 할 일은 역할이 아니라 손주가 특별해지도록 사랑을 투자하는 것이다. 당신은 손주에게 모든 것이 되려 하거나 다른 조부모와 자신을 비교하는 데서 오는 불합리한 기대를 피하라. 손주와 함께하기는 경쟁이 아니다. 모든 조부모는 손주에게 줄 수 있는 특별하고 가치 있는 것을 가지고 있다. 때때로 집에서 간단하게 하는 활동이 가장 좋은 추억이 되기도 한다.

조부모가 되는 축복

우리가 손주에게 하는 투자는 엄청난 축복을 가져온다. 손주는 우리의 삶을 밝게 한다. 당신은 하루를 밝게 해 주는 손녀의 전화를 받을 수도 있고, 웹캠을 통해 걸음마를 시작한 손자로부터 세레나데를 선물 받을 수도 있을 것이다.

화학 요법을 받는 동안 열 살 된 손자 헌터로부터 아래와 같은 격려 이메일을 받은 셜리 우즈와 비슷한 경험도 할 것이다.

~~~~~~~~~~ 만약 오늘 아침에 할머니가 이걸 본다면 헌터는 행복할 거예요! 빨리 텍사스로 가서 할머니를 보고 싶어요! 안아 주

는 것이 할머니의 호르몬을 더 건강하게 하는지는 모르지만 할머니를 꼭 안아 줄 거예요. 나는 할머니가 키모포트(항암 치료를 위해 몸에 삽입하는 중심정맥관. 항암치료를 편하게 해준다.)를 꽂는 걸 담담하게 받아들이는 것을 믿을 수가 없어요! 할머니! 재미있고 특별하고 굉장하고 멋진 하루를 보내세요.

－사랑하는 헌터 올림

손주들의 사랑은 우리 삶을 헤아릴 수 없을 만큼 풍요롭게 한다. 이에 대해 오클라호마에 사는 바버라 할머니는 다음과 같이 표현했다.

"멋진 여행이었다. 나는 할머니가 되어 누리는 기쁨과 이제는 십 대와 성인이 된 손주들과 함께하라는 초대를 놓치고 싶지 않다. 당신에게 이것은 오직 한 번뿐이니 시간을 내어 보라. 손주들은 너무 빨리 자란다."

재혼으로 생긴 손주에 대한 사랑

요즘은 이혼율이 높아짐에 따라 재혼 가정이 늘어나는 추세이다. 이것은 많은 조부모에게 자녀의 재혼으로 말미암아 새로운 손주가 생긴다는 것을 의미한다. 자녀의 재혼으로 생기는 손주를 사랑하는 것은 당신이 할 수 있는 최고의 일 중 하나가 될 수 있다. 당신의 사랑은 손주들의 삶에 큰 변화를 가져다줄 것이다.

재혼으로 생긴 손주에게 당신은 보통의 조부모일 뿐이다.

수전의 이야기를 들어 보자.

～～～～～～ 나는 할머니를 '의붓할머니'로 생각하지 않는다. 파페 할머니는 아버지가 재혼해서 생긴 할머니다. 나는 매년 여름이면 혼자서만 2주일 동안 할머니, 할아버지와 함께 보내는 시간을 기다렸다. 내가 가장 좋아하는 어린 시절의 추억이다. 조부모는 인디애나에 살고, 나는 6시간 떨어져 있는 오하이오에 산다. 내가 몇 살 때 할머니가 '혈연'이 아닌 재혼으로 생긴 조부모라는 것을 알았는지는 모르겠다. 그렇지만 나는 별로 개의치 않는다. 왜냐하면 나에 대한 할머니의 사랑이면 충분하고, 할아버지와 할머니 사이에서도 '사랑'을 보았기 때문이다. 할머니는 내 할머니이고 나는 우리 사이가 의미 있다고 생각한다. 사실 나는 실제로 내 친구들이 생각하는 것보다 훨씬 많이 조부모를 생각한다. 할머니는 내게 선물과 같다. 나는 할머니가 내 인생 내면의 한 부분을 언제까지나 차지하고 있다는 것을 고마워하고 있다.

프랜시스 스틱랜드 부부는 아들이 여자 친구와 3주 후에 결혼한다는 선언을 하는 바람에 충격에 빠졌다가, 곧 두 살짜리 케이틀린의 새로운 조부모가 된다는 것을 깨달았다. 프랜시스 부부는 사랑은 느낌이 아니라 헌신이라고 믿는다. 그래서 며느리와 몇 번 보지 않은 아이를 사랑하는 데 마음을 집중했다. 프랜시스는 케이틀린의 세 번째 생일에 다음과 같은 편지를 썼다.

━━━━━━━ 할머니는 네가 두 살이 되기 전인 5월에 처음 만났다. 사랑스럽고 작은 네가 나의 손주가 된다는 것을 안 것은 6개월도 채 안 되었을 때였다. 너는 춤추듯이 반짝거리는 아름다운 갈색 눈을 가진 매우 똑똑한 아이였다. 너는 두 살 때 이미 발음이 명확했고 열까지 셀 수도 있었다. 너희 엄마가 우리 집 뒤뜰에서 여는 야외 결혼식에 참석하기 위해 옷을 차려입고 왔을 때 나는 너를 낮잠을 재우려고 했다. 내가 너에게 "너를 사랑해."라고 말했을 때 네가 대답했던 "사랑해."라는 말을 절대 잊지 못한단다. 사랑스러운 케이틀린, 나는 신이 너를 우리 가정에 함께 있게 해 주어서 너무 기쁘단다. 너를 온 마음을 다해 사랑한다.

– 사랑을 보내며, 할머니가

조부모가 재혼으로 생긴 손주들과 깊은 사랑으로 특별한 활동에 참여하는 것은 변화와 상실을 경험한 손주들의 인생길을 돕는 일이 될 수 있다. 손주들이 청소년이라면, 친해지는 데 시간이 더 걸릴 수 있다. 또는 손주들이 이미 다른 조부모와 매우 가까울 수도 있다. 연구에 의하면 재혼으로 생긴 손주를 인내심과 관대함으로 대하는 조부모는 의미 있고 사랑스러운 관계를 맺을 수 있다고 한다. 이 책은 자녀의 재혼으로 인해 조부모들의 삶에 들어온 소중한 손주들과 좋은 관계를 맺고 함께할 수 있는 다양한 방법을 제안한다.

손주에 대한 믿음

아이들은 어떤 어려움을 겪더라도 자신을 믿어 주고 사랑해 주는 '누군가'가 곁에 있다면 훌륭한 어른이 될 수 있다. 그 '누군가'는 종종 조부모이다.

나는 세계 최고의 오페라 가수 중 한 명인 루치아노 파바로티의, 할머니의 사랑과 격려가 그의 삶에 미친 영향에 관한 이야기를 좋아한다. 파바로티가 어린 소년이었을

손주 사랑

노스캐롤라이나에 사는 우리 딸은 우리가 단지 손자들을 보기 위해 딸네 집을 방문할 뿐이며 자신은 그다음인 것 같다고 말하곤 한다. 어느 정도 딸의 말이 맞다! 내 아이들도 기쁜 마음으로 키웠지만 손자들은 말로 설명하기 힘든 깊은 사랑을 일깨워 주었다. 세 손자 브라이언, 앤드루, 에릭은 나의 보물이자 인생의 빛이다.

— 앤 바질

때 할머니는 그를 무릎에 앉히고 다음과 같이 말했다.

"너는 꼭 훌륭한 사람이 될 거야."

어머니는 파바로티가 은행원이 되길 원했으나 그는 초등학교 교사가 되어 아이들을 가르치며 가끔 노래를 불렀다. 파바로티가 22세가 되었을 때 아버지가 교사를 그만두고 음악 공부를 하라고 권유하자 파바로티는 보험 세일즈맨을 하면서 성악 레슨을 받았다.

아버지가 파바로티를 음악으로 돌아가도록 이끈 셈이지만 파바로티는 할머니를 진정한 영감의 원천이라고 믿었다.

"어느 선생님도 내가 유명해질 거라고 말하지 않았다. 오로지 우리 할머니만이 그렇게 믿었다."

2
당신과 손주의 관심 나누기

손주에게 주는 것 중
가장 좋은 것은 시간이다.
— 무명씨

손주들과 기술이나 특별한 관심을 공유할 때 어느 정도 수준까지 할 수 있는지 결코 미리 알 수는 없다. 캐런 오크너는 《획기적인 조부모》라는 책에서 아마추어 사진가였던 할머니에 대해 추억했다. 수십 년 동안 사진을 찍어 왔고, 본인이 찍은 사진으로 상을 받기도 한 오크너는 손자 그레이엄의 열 번째 생일에 카메라를 선물했다. 이후 두 사람은 퍼레이드부터 인물 사진까지 온갖 종류의 사진을 같이 찍었다. 그레이엄은 이제 사진 분야의 전문가를 꿈꾼다.

남북 전쟁의 열광적 팬인 할아버지와 십 대 손자인 로저는 관심사가 비슷하다. 할아버지는 로저가 역사 독서 클럽에 가입하도록 했다. 로저는 할아버지와 함께 미국 역사에 관한 책을 많이 읽고, 학교 역사 수업에 열정적으로 참여하고 있다.

조부모가 손주와 취미와 기술을 공유하는 것은 손주들과 결속할 수 있는 좋은 기회를 제공한다. 두 사람이 함께 자전거를 타거나 뜨개질을 하거나 다른 취미 활동을 같이할 때 특별한 일이 생긴다. 달리기 파트너나 뜨개질 그룹을 생각해 보라. 손주와 함께 활동을 하면 특별한 유대와 친밀감이 형성된다. 공통의 관심사를 손주와 함께 나누다 보면 두 사람 사이에 깊은 유대감이 쌓일 뿐만 아니라 손주가 자신만의 특별한 흥미를 개발하도록 영감을 줄 수도 있다.

내가 인터뷰한 에이미 크룹카라는 젊은 여성은 주말에 조부모의 농장에서 일을 한 것이 자신에게 큰 영향을 미쳤다고 했다. 조부모는 에이미의 자매, 사촌들에게도 정원 가꾸기와 오락에 대해 가르쳤다.

〜〜〜〜〜〜 할아버지는 할머니를 기쁘게 해 주려고 갖가지 채소와 과일, 꽃을 키웠다. 매일 할아버지는 잡초를 뽑고, 가지를 치고, 비료를 주었다. 우리는 할아버지가 직장에 일하러 가기 전 이른 아침이나 직장에서 돌아온 오후 5시 이후에는 언제나 정원에서 할아버지와 함께 시간을 보냈다. 할아버지는 주말에는 대부분 정원에서 과일, 채소, 꽃을 수확하거나 보살피며 보냈다. 할아버지는

쉽게 온실 짓는 방법을 알려 주었다. 우리는 할아버지와 함께 일하는 걸 특별한 일이라고 느꼈다.

에이미의 할머니는 에이미와 다른 손주들에게 손님 접대의 전통을 가르쳤다. 유럽에서 온 할머니는 거의 매일 오후에는 티타임을, 저녁에는 커피와 케이크 타임을 가졌다. 열 살이 되기 전에 에이미는 테이블 꽃꽂이를 할 수 있게 되었다. 에이미는 손님을 맞이하고 쿠키 접시를 올바르게 세팅하고 손님에게 대접하고 식탁 치우는 법을 배웠다. 에이미가 열두 살이 되었을 무렵 커피 여과기를 세팅하고 식당으로 가져가 한 방울도 흘리지 않고 8~10명에게 커피를 대접했을 때는 어른이 된 것 같았다고 느꼈다. 에이미는 조부모를 이렇게 회상한다.

〰〰〰〰〰〰 우리는 할머니에게서 손님 접대에 대한 예의를 배웠다. 가끔은 예정된 손님이 왔지만 대부분은 갑작스레 찾아오는 손님이었다. 할머니는 그런 상황에서도 정중하고 재치 있게 즐기도록 가르쳤다. 나는 항상 조부모의 어른스러운 대화를 듣는 것만으로도 많은 것을 배웠다.

엄마가 된 에이미는 지금도 어렸을 때 배운 유쾌한 방식으로 집에 온 사람들을 대접하고 있다. 에이미는 조부모에게서 배운 모든 실용적인 생활 기술에 고마워한다. 그리고 정원에서 할아버지와 함께 보낸 시간 덕분에 동네에서 가장 원예를 잘하는 사람이 되었다!

에이미가 조부모 집에서 매번 일만 한 것은 아니었다. 재미있는 놀이도 했다. 카드 게임을 즐겼던 조부모는 에이미를 비롯한 손주들에게 단순한 게임을 가르쳐서 모두가 참여할 수 있도록 했다. 손주들은 다양한 게임을 하며 놀았다. 조부모는 손주들이 게임을 하는 동안 반 정도는 손주들이 승리할 수 있도록 배려했다. 손주들은 게임을 즐기면서 조부모로부터 품위 있게 이기고 지는 법을 배웠다. 에이미가 열 살 때 할머니는 크로셰 뜨개질을 가르쳐 주었다. 에이미는 40대가 된 지금도 뜨개질에 열정을 가지고 있으며 열 살 된 딸과 딸의 친구를 가르치고 있다.

우리에게는 손주에게 물려줄 만한 기술이 있다. 본인의 기술이 특별하지 않다고 생각할 수도 있겠지만. 그럼에도 한 가지 확실한 것은 우리가 젊은 세대에게 도움이 될 재능과 기술을 가지고 있다는 것이다. 조부모가 전해 주는 기술은 손주에게는 특별한 선물이다. 아이들은 대개 어른들이 하는 일에 참여하여 함께하는 것을 좋아한다.

텍사스에 사는 팻 로 할머니는 손주들에게 스페인어를 가르치고 있다. 우리 남편 홈스는 새를 돌보며 느끼는 사랑을 손주들과 공유한다. 남편은 손주들이 새 모이통을 채우고 새 물통에 물을 넣는 것을 돕게 한다. 남편은 가끔 찾아오는 고요한 순간에 손주들이 새를 관찰하도록 쌍안경을 샀다. 건축업자인 남편은 손주들이 나뭇조각으로 새집을 만드는 것도 도와준다.

나무와 금속으로 작업하는 것을 좋아하는 포트워스 할아버지는 손주들과 함께 나무 비행기, 파이프 금속 인간, 아이들용 작은 싱크대

우리 할머니 배웠은 재능 있는 여성이었다

할머니는 재봉사, 가수, 시인, 농부의 아내 그리고 세 아들의 어머니였다. 나는 매년 여름에 일주일 동안 할머니와 함께 보냈는데, 할머니는 내가 달걀을 모으고, 감자 롤을 굽고, 딸기를 따고, 빈 실패에 신발 끈 감는 것을 도왔다. 나는 특히 접시꽃 인형과 빨래집게 장식품을 만드는 것을 즐겼다.

— 보니 크루이젠가

받침대를 만들었다. 손주들은 할아버지 집에 들어서자마자 "할아버지, 우리 무얼 만들까요?" 하고 묻는다. 겨울에 땔나무를 마련할 때에도 손주들이 거들게 한다.

한 할머니는 손녀들이 여름 방학 동안 지내려고 찾아온 몇 주 동안 예절 강습을 해 주었다. 손녀들에게 품위, 아름다움, 좋은 식탁 예절, 올바른 사회적 행동에 대하여 가르쳤다. 손녀들은 사회적 상황에서 행동하는 방법을 배움으로써 자신감과 자부심을 키웠다. 수년이 지난 후에도 그 손녀들은 할머니의 에티켓 교훈과 가르침, 진솔한 삶으로부터 어떤 혜택을 받았는지 기억하고 있다.

오하이오의 한 할머니와 할아버지는 손주들을 호수와 개울 낚시에 데려갔다. 플로리다에서는 바다에서 낚시를 하고 게도 잡았다. 그 덕분에 손주들은 호수와 바다를 매우 좋아하게 되었다. 어느 달 밝은 밤에 조부모는 미끼로 쓸 피라미를 잡는 손주들을 보았다. 다음 날 부두로 낚시를 나간 손주들은 점심시간이 다 되도록 낚시에 빠져 있었다. 저녁을 먹자고 부르자 손주들은 '한 번만 더 던지고' 하며 멋쩍은 듯이 웃었다. 손주들은 비록 빈손으로 돌아왔지만 다음 날 다시 나갈 준비를 했다. 그 이후 해마다 추억이 쌓이면서 손주들의 앨범은 낚시 트로피 그림으로 가득 차게 되었다.

함께 여행하기

주디 더글러스는 세계 대학생 선교회의 출판물과 여성 자료의 책임자여서 세계 여행을 자주 하는 편이다. 주디는 방문하는 나라들에서 손주들에게 줄 작은 선물을 산다. 주디는 여섯 살인 손주 매디슨과 함께 선물을 살펴보며 자신이 방문한 곳과 그곳에 사는 사람들에 관해 자세히 이야기해 준다.

주디는 안식년에 해변에서 한 달을 보내는 동안 매디슨에게 주려고 다양한 조개껍데기를 모으고, 조개껍데기에 관한 책도 샀다. 그런 다음 매디슨과 함께 조개껍데기를 살펴보고, 조개껍데기를

'집'으로 삼아 사는 생물을 찾아보았다.

나는 남편과 남아프리카 공화국과 잠비아로 연설을 하러 떠나기 전에 노트 세트를 만들어 손주들에게 하나씩 보냈다. 첫 페이지 제목을 '아프리카로 가는 할머니와 할아버지'로 정하고 손주들과 함께 찍은 사진과 방문할 나라의 컬러 지도를 붙였다. 첫 페이지 하단에는 얼룩말과 긴 상아가 있는 코끼리 사진을 넣었다. 둘째 페이지에는 방문하는 나라의 작은 지도, 문장(紋章), 기본 정보와 지리, 역사, 꽃, 문화, 언어 및 손주들이 좋아하는 주제인 토종 동물에 관한 설명을 담았다.

우리는 하마와 기린 조각품을 사 와 손주들에게 주고, 그곳 사진을 보여 주었다. 또한 사냥 금지 구역에서 사자 새끼들을 데리고 놀 때 한 사자 새끼가 손을 내밀어 내 지갑을 잡으려 애쓰던 모습을 비롯해 재미있는 여행 이야기를 해 주었다.

당신은 외국에 관심이 있는가? 만약 해외여행을 못 가더라도 손주들과 상상 여

할아버지와 함께 모험 세계로!

우리 할아버지 브래들리는 나를 아주 멋진 모험 세계로 데려갔다. 할아버지는 나에게 낚시, 사냥 등 많은 일을 가르쳤다. 할아버지는 내가 네 살 때 나무를 심고 물을 주는 할아버지를 돕게 했다. 할아버지는 나에게 구멍을 팠던 곳을 완전히 덮어서 운전하는 사람들이 구멍에 빠지지 않도록 했다. 또한 정원을 일구는 법, 잔디를 깎고 다듬는 법을 가르쳐 주었다.

— 마이클 엔지

행을 떠날 수 있다. 손주들을 만날 때 손주들이 '가고 싶은' 장소를 선택하도록 도와주어라. 그곳이 중국이건 뉴질랜드이건 멕시코이건 아프리카이건 상관없다. 가고 싶은 곳의 지도를 구해 목적지에 대해 알아보라. 도서관에서 여행 비디오나 해당 국가에 관한 책을 조사하라. 현지 음식을 준비해서 먹고 마치 그곳에 있는 척하라. 당신은 손주가 집에 올 때마다 새로운 곳을 여행할 수 있다. 세계 지도를 이용해 각 장소에 별 스티커를 붙여 어디로 상상 여행을 했는지 추적할 수 있다. 당신의 손주는 세계의 여러 지역에 관해 배우는 것을 기뻐할 것이다. 아이들은 상상 놀이를 좋아하기 때문에 집을 떠나지 않고도 멋진 시간을 보낼 수 있다!

농장 체험

나는 채소밭에서 손주들과 함께하는 것을 좋아한다. 손주들은 겨울과 여름에 농원에서 작물을 심고 가꾸고 수확하는 걸 도와주었다. 우리는 채소밭에서 일하는 과정을 사진으로 찍어서 손주들이 언제든 볼 수 있도록 하였다.

가끔 농장에서는 특이한 일이 생긴다. 예를 들어, 지난가을에 심은 꼬투리 콩이 3월까지 열매를 맺지 않았다. 콩 열매가 맺히지 않는 것에 대해 이야기를 하다가 우리는 콩이 열매를 맺을 수 있도록 벌이 오기를 바란다고 기원했다. 그로부터 1주일도 안 돼서 콩이 열매를 맺었다. 우리는 꼬투리 콩 열매 맺음의 기적에 대해 이야기하곤 한다.

— C.J. 키록패트릭

조부모 과학 모험

내 여동생은 고등학교에서 오랫동안 기상학과 화학을 가르쳤다. 당연하게도 여동생은 네 살짜리 손자 데커와 과학 실습 활동을 하는 것을 즐긴다. 데커가 세 살이었을 때 점프 장치를 누르면 하늘로 올라가는 장난감 로켓을 가져갔다. 두 사람은 로켓을 조립하고 발사대를 밟아서 로켓이 거품을 내뿜으며 60m 상공으로 날아가는 것을 지켜보았다. 데커는 무척 좋아했고 이후에도 많은 로켓을 발사했다.

이번 여름에 여동생은 데커에게 무당벌레 키우기 키트를 가져다주었다. 데커와 함께 무당벌레에 관한 책을 읽는 동안, 주문한 무당벌레 애벌레가 도착했다. 데커는 할머니와 웹캠을 통해 서식 상자에 무당벌레를 키우면서 관찰한 내용에 관해 대화를 나눈다. 무당벌레가 어른벌레로 자라면 데커는 무당벌레를 정원에서 날려보낼 것이다.

대학 친구 앤 아벤시는 개미가 흥미롭다는 것을 발견했다. 아벤시는 열심히 일하는 생물에서 교훈을 얻을 수 있다고 생각해서 손자에게 개미 서식 상자를 주었다. 손자는 개미가 굴 파는 것을 관찰하며 재미있어했다.

개미 농장 외에도 원자 벌레 상자, 딱정벌레 상자, 나비 정원 및 살아 있는 개구리 서식 상자 등 재미있는 과학 키트가 많다. 손주가 과학에 관심이 있다면 이러한 과학 키트는 손주와 함께하는 활동으로 안성맞춤이다. 서점을 둘러보거나 인터넷 검색을 통해 실습 과학 키트와 재미있는 과학 활동 자료를 찾을 수 있다.

음악에 대한 사랑을 나누는 오페라의 밤

만약 곤충에 흥미가 없다면, 수전 프렌치와 나처럼 음악을 좋아할 수도 있다. 수전은 집에서 멀지 않은 파닉스에 있는 애리조나 오페라단에서 오페라 〈라 트라비아타〉를 공연할 예정임을 알았다. 수전은 아홉 살 된 손녀 엘라와 엘라의 친구 중 한 명을 오페라 공연에 데려가기로 했다. 수전은 공연 관람 전에 〈라 트라비아타〉가 '사소한'을 뜻하는 이탈리아어라고 설명하고 공연을 이해할 수 있도록 줄거리를 알려 주었다. 수전은 파티에서 아주 멋진 남자와 사랑에 빠질 때까지 인생이 사소하고 무의미한 일들로 가득했던 비올레타라는 바람둥이에 대한 슬픈 이야기라고 아이들에게 말했다. 그러고는 삶에서 사소한 일과 정말로 중요한 것이 무엇인지에 대해 소녀들과 흥미로운 토론을 했다.

수전이 개막 전날 밤에 표를 샀기 때문에 그들은 공연장 2층의 마지막 줄에 앉았다. 수전은 손녀와 친구가 무대에서 너무 멀리 떨어져 있어서 아쉬울 거라고 생각했다. 하지만 아이들은 잘 차려입고 높은 자리에 앉아서, 환상적인 오케스트라와 무대와 공연자 그리고 정교한 세트 디자인 등 모든 장면을 볼 수 있어서 멋지다고 생각했다. 무대 위쪽에 자막용 스크린이 있어서 줄거리를 이해할 수 있었다.

수전은 1막이 끝난 후에 앞줄에 빈자리가 있는 걸 발견했다. 아이들이 가까이에서 보고 싶어 할 것 같아 극장 측의 허락을 받아 맨 앞줄로 옮겨 가 공연의 마지막 2막을 즐겼다. 수전은 비올레타가 결핵으로 죽기 전에 손수건에 피를 토하는 마지막 슬픈 장면이 소녀들에게 너무 과하지 않을까 걱정했다. 그러나 아이들은 드라마와 노래에 매료되어 그것조차 좋아했다. 공연이 끝난 후 저녁을 먹으면서 수전은 아이들에게 어땠는지 물었다.

"너무 멋지고 아름다웠어요! 2층 높은 좌석에서 내려다보는 전경이 가장 좋았어요."

수전은 아이들이 종종 어른과는 다르게 본다는 것을 미처 몰랐다. 때때로 배우는 것은 바로 우리 어른들이다!

수전은 엘라와 그의 친구에게 첫 오페라 경험을 하게 해 준 사람이 된 것을 영예롭게 생각했다. 사랑하는 음악을 손녀와 함께 나누는 일은 의미 있는 함께하기가 되었다. 누가 알겠는가? 엘라가 자라서 오페라를 좋아하게 될지!

음악은 사람들을 함께하게 한다. 특정 종류의 음악에 대한 사랑을 친구나 가족과 공유하면 공통점이 된다. 음악은 정신없이 바쁘고 스트레스가 많은 세상에서 최고의 스트레스 해소제 중 하나이다. 다음은 손주와 음악을 공유할 수 있는 몇 가지 방법이다.

손주를 라이브 음악 공연에 데려가라. 콘서트, 어린이 교향곡 프로그램 또는 수전처럼 오페라 등 라이브 음악 공연에 데려가라. 대부분 도시에서는 라이브 뮤지컬 극장, 교향악단의 어린이 마티네 (주간 공연), 어린이들에게 라이브 음악 공연의 아름다움을 소개할 수 있는 다양한 콘서트가 열린다.

자장가를 공유하라. 음악 공유는 손주가 아기일 때부터 시작할 수 있다. 나는 가장 어린 손주를 만나서 잠자리에 들 때마다 내가 어렸을 때 아빠가 불러 주신 노래를 불렀다. 나는 그것을 '아빠의 자장가'라고 부른다.

> 자라 자라 아가야
> 너의 밝은 눈을 감아라
> 그러면 내가 너에게 노래할게
> 부드러운 자장가

우리 여섯 손주는 모두 이 노래를 알고 있다. 왜냐하면 이 노래는 손주들뿐만 아니라 손주들의 부모가 아기였을 때도 불러 주어서 모든 가족이 알고 있기 때문이다. 그래서 그들은 '할머니의 노래'라고 부른다.

어린 손주들을 재울 때마다 노래를 불러 주어라. 당신 자신은 좋은 목소리가 아니라고 생각해도 손주에게는 달콤하다. 동요, 자장가, 민속 노래는 우리 세대에서 다음 세대로 음악을 전하는 좋은 선택이다.

어린 손주에게 간단한 노래를 가르치고 참여하게 하라. 손주와 전화로 함께 노래하거나 같이 있을 때 함께 노래를 불러라. 손주들의 이름을 넣어서 만들면 특별한 노래가 될 수 있다.

느긋이 즐겨라. 60년대와 70년대의 민속 음악을 틀어 놓고 함께 춤을 추어라.

손주에게 클래식 음악을 소개해라. 당신의 손주가 그림을 그리는 동안 클래식 음악을 틀어 주어라. 손주들에게 수채 물감, 색연필, 마커 또는 크레파스와 큰 종이를 주고 음악을 듣는 동안 폭풍우를 그리게 하라. 어린이를 위한 훌륭한 클래식 음악이 많다. 나는 베토벤, 바흐, 모차르트의 음악을 좋아한다. 세계 최고의 클래식 작곡가들의 음악이 담긴 CD와 DVD를 차 안이나 잠자리에서 틀어 주면 아주 좋다.

아이들은 음악을 사랑하고 스스로 음악을 만드는 것을 즐긴다. 아이들은 밴드를 이끌며 지휘자 역할을 하고, 할머니와 할아버지는 악기를 연주한다. 우리는 손주들이 리듬 악기를 만들고 다양한 종류의 음악에 따라 연주하도록 격려할 수 있다. 악기를 만들고 사용하는 것은 사촌 캠프나 어린아이들과의 하룻밤을 위한 재미있는 활동이다.

유아기 단계의 아이들부터

초등학교 저학년 어린이들은 음악에 맞춰 행진하고 움직일 때 박자를 맞추는 것을 좋아한다. 일정한 박자를 유지하고 다른 리듬을 연습하는 것을 배우는 것은 나중에 악기를 다루는 데 중요한 기초가 된다. 나아가 이런 일은 매우 재미있다! 당신은 리듬 악기 세트를 사거나 직접 만들 수 있다.

- 마라카스(양손에 들고 흔들어 소리를 내는 간단한 악기): 쌀이나 콩을 플라스틱 양념 통에 넣어서 만든다.

- 타악기: 나무 숟가락으로 냄비와 프라이팬을 두드리거나 오트밀 상자로 부드러운 드럼을 만든다.

- 리듬 스틱: 목재소나 철물점에서 파는 나무, 맞춤 못 2개 또는 정원 지팡이(대나무) 2개.

- 멜로디 벨: 아이들이 손목에 착용할 수 있도록 고무줄에 벨을 꿰매면 된다.

손주와 관심을 함께 나누기

손주들과 함께 시간을 보내고 손주들의 관심사를 공유하는 것은 매우 훌륭한 투자이다. 우리는 손주들에게서 많은 것을 배울 수 있다. 우리가 손주들을 매료시키는 방법에 제한을 두지 않을 때 그들의 세상에 함께할 수 있는 기회를 얻는다.

당신의 손자 손녀가 즐기는 관심 분야와 관련된, 두 사람이 모두 즐길 수 있는 활동을 선택하라. 비싸거나 정교할 필요는 없다. 나는 손주와 함께하기 좋은 시간은 손주들의 독특한 관심사에서 자연스럽게 흘러나온다는 것을 알게 되었다.

예를 들어 내 손녀 조세핀은 공예품을 좋아한다. 나는 위스콘신으로 조세핀을 만나러 갈 때 우리가 함께 만들 수 있는 공예품을 주로 가져간다. 내가 12월 초에 조세핀의 새 여동생을 돌보기 위해 갈 때 미리 조립된 집 모양의 생강 쿠키를 가져갔다. 밀워키에 도착한 후 식료품점에 가서 껌, 작은 사탕 지팡이, 빨간색과 흰색과 녹색의 아이싱, 튜브와 여러 가지 과자를 샀다. 네 살짜리 조세핀이 앞장서서 생강 쿠키를 어떻게 꾸며야 하는지 이끌었다. 나는 조세핀의 도우미 요정이었다! 우리는 만드는 과정을 사진으로 찍고 얼굴에 아이싱을 바르면서 아주 재미있게 놀았다.

우리 손자들은 마당에서 축구공 던지기를 좋아한다. 나는 지금은 아빠가 된 두 아들과 놀면서 했던 것처럼 세 손자에게 포물

선 모양으로 공을 던진다. 열 살 손녀 케이틀린과는 창작 글쓰기를 하고 있다. 우리는 '색깔의 시'나 '흉터 이야기'를 함께 쓴다. 케이틀린은 자기가 쓴 최근 이야기를 읽고, 나는 손녀와 글쓰기에 대한 나의 사랑을 공유한다.

여섯 살짜리 노아에게는 요즘 굉장히 큰 관심을 두고 있는 축구 카드 컬렉션용 노트를 만들어 주었다. 어느 날 노아는 방에 쌓여 있는 짐 속에서 톰 브래디/패트리어트 카드를 찾을 수 없어 속상하다고 했다. 나는 빨간 글씨로 '노아의 축구 카드'라고 크게 인쇄해서 투명 플라스틱 홀더 안에 넣어 주었다. 그리고는 투명한 스포츠 카드 종이를 샀다. 노아는 모든 카드를 모아 놓을 수 있게 되었고, 우리에게는 계속 연락할 수 있는 공통 화젯거리가 생겼다.

손주를 가르치는 기술과 관심

내 손주들의 부모가 손주를 가르칠 시간이 없거나 가르치는 법을 알지 못한다면 내가 무엇을 알아야 하나? 만약 당신이 한동안 취미나 관심 분야에 참여하지 않았다면 도서관에서 책을 빌려 보면 구체적인 내용을 이해하는 데 도움이 될 수 있다. 공유할 관심 및 기술은 아래 목록을 참고하라.

☆ 사진
☆ 창의적 글쓰기
☆ 뜨개질 및 코바늘 뜨개질
☆ 목공
☆ 원예
☆ 낚시, 사냥, 암벽 등반
☆ 스크랩북 만들기
☆ 우표 또는 동전 수집

우리 손주들은 내가 '아메리칸 아이돌'을 보도록 만들었다. 우리는 어디에 있든 '아메리칸 아이돌'을 본다. 노아와 루크가 아메리칸 아이돌 피날레 밤에 우리 집에 오지 않으면 내가 그들 집으로 간다. 나는 손주들을 위해 팝콘과 사과주스와 쿠키를 준비한다. 손주들은 결과가 나오는 동안 웹캠을 통해 위스콘신에 있는 사촌 조세핀과 연락하며 공연에 관해 이야기하고 누가 우승할지 알고 싶어 한다.

우리 손주 여섯은 광범위한 레퍼토리를 가진 진정한 음악 애호가이다.

당신도 좋아하는 것을 손주들과 공유하고 손주들을 흥분시키는 활동과 아이디어에 대해 기꺼이 들어 줌으로써 손주들과 좋은 관계를 형성할 수 있다.

3

단지 재미로 하는 활동들

손주와 함께 있으면

웃지 않을 수 없다.

— 무명씨

현실을 직시하자. 손주가 있어서 생기는 좋은 일 중 하나는 우리를 웃게 만든다는 것이다. 우리가 한때 부모로서 해야만 했던 일들, 즉 아이들을 차로 데리고 다니기, 숙제했는지 검사하기, 이를 닦았는지 확인하기 같은 일들에 책임이 없다. 우리는 단지 손주와 함께 재미있는 일을 하고 부모의 집으로 돌려 보내면 된다!

티파티부터 보물찾기, 밤 산책, 물총 싸움에 이르기까지 마냥 즐길 수 있는 활동을 하면서 멋진 추억을 만들 수 있다. 여기서 소개하는 재미있는 활동들은 손주와 당신이 서로의 집을 방문할 때, 밤샘 파티와 사촌 캠프 때 할 수 있다. 급하게 무언가 할 일을 찾으려 할 때, 당신은 이 책에서 멋진 아이디어를 찾을 수 있다.

어린 손녀들과 티파티

나는 손주들과 하는 티파티를 좋아한다. 우리는 맏손녀 케이틀린이 두 살 때부터 함께 '머피 곰 티파티'를 했다. 나는 바닥에 작은 원형 식탁보를 깔고 내 딸 알리가 어렸을 때 친정엄마가 선물해 준 미니 차 세트를 꺼내 놓는다. 우리는 머피 곰을 위해서 작은 머핀이나 쿠키를 만든다. 물론 케이틀린이 먹는다! 케이틀린은 비록 열 살이지만 머피 곰에게 줄 음식 만들기를 즐기고, 나와 티타임을 갖는다.

나는 손녀 조세핀과 루시가 우리를 만나기 위해 위스콘신에서 올 때마다 머피 곰의 옷 바구니를 꺼내 놓는다. 손녀들은 곰에게 옷을 입히는데, 가끔 곰 몇 마리에게는 파티 의상을 입힌다. 손녀들은 곰과 인형들을 정리해서 내가 중고물품 세일에서 사 온 인형 의자와 식탁보 위에 앉혀 놓는다. 손녀는 미니 머핀이 준비되면 물이나 사과주스를 각각의 곰 인형

> 할머니가 되는 것이 선택할 수 있는 문제라면 당신들에게 바로 할머니가 되라고 조언하겠다. 세상에 이처럼 즐거운 일은 없다.
>
> ― 하나 휘탈 스미스

에게 따라 준다. 우리는 마치 곰이 된 것처럼 대접 받는 것과 차를 좋아하는 척한다. 그러나 이러한 대접을 즐기는 것은 무엇보다도 우리 자신들이다.

실라 할머니가 여는 티파티에는 동물 인형도 등장한다. 세 아들을 키운 실라는 사랑스러운 두 손녀의 '할머니'가 되었다. 티파티는 케이트와 케네디가 할머니 집에 올 때마다 하는 전통이다. 손녀들은 재미있는 티파티 음식을 만드는 걸 좋아한다. 손녀들은 달게 만든 소형 마시멜로와 동물 크래커, '손가락 크기 샌드위치'(44쪽 참조)를 먹고, '녹차'를 만드는 데 식용 색소를 사용한다. 티파티는 각각 특별한 주제를 가지고 있다.

실라는 어느 여름날 아침에 열었던 정원 티파티가 오랫동안 기억에 남았다. 손녀들은 할머니의 정원 잔디밭에 큰 담요를 깔고 꽃다발을 옆에 두고 앉아 있었다. 손녀들은 앉기 전에 혹시 개구쟁이 원숭이(인형)도 참석할 수 있는지 물었다. 개구쟁이 원숭이는 세 살인 손녀보다 두 배 이상 몸집이 컸지만 손녀들은 융숭하게 대접하면서 멋진 시간을 보냈다.

손주가 다른 주 또는 다른 국가에 살고 있더라도 걱정할 필요가 없다. 셰리 포터는 태국에 있는 국제 학교에서 학생들을 가르칠 때 캔자스에 있는 손녀 오드리와 전화로 마치 티파티를 하는 것처럼 노는 방법을 배웠다. 셰리는 손녀에게 "안녕하세요, 부인. 당신은 어떤 차를 좋아하세요?"라고 말하도록 가르쳤다. 그런 다음 각 설탕과 크림을 얼마나 원하는지 이야기하고 오이 샌드위치, 디저트에 대해 이야기했다.

오드리는 '대서양 횡단 가짜 파티' 중 하나를 점심으로 하겠다고 했다. 손녀는 할머니를 위해 자신이 만든 피자, 팝콘, 땅콩버터 잼 샌드위치와 같은 새로운 메뉴와 디저트로 파이와 바닐라 아이스크림을 드렸다. 그리고 할머니에게 1페니라고 말하면서 '계산서'를 내놓았다. 그들의 가상 놀이는 티파티와 점심에서 시작하여 본격적인 세 가지 코스 요리로 발전하고, 나중에는 드라이브로 마을을 돌아보고 동물원과 쇼핑몰로 여행을 간다. 이 티파티에는 장난감, 인형, 소품 등이 필요 없다. 오로지 시간과 상상력만 있으면 된다. 그리고 아이들은 우리 어른들보다 상상력이 훨씬 풍부하다!

손주에게 장난감 인형 모음, 좋아하는 곰, 인형 컬렉션이 있는가? 손주에게 누구를 티파티에 초대하고 싶은지 물어보라. 또는 반짝이는 설탕을 뿌린 요정 쿠키로 요정 티파티를 하고 싶은지 물어보라. 또 다른 시간에는 잉글랜드의 하이티(오후 늦게 또는 이른 저녁에 요리한 음식, 빵, 버터, 케이크를 차와 함께 먹는 것)를 가져 보라. 휘핑크림과 잼을 바른 오이 샌드위치와 스콘을 대접하기 위해

소년을 무시하지 마라! 어린 손자도 찻잔에 차를 따르고 파티를 위해 재미있는 음식 만들기를 즐길 수 있다. 마인은 그들이 좋아하는 것이 있을 때 티파티에 초청했다. 아이들은 장난감 인형도 데려왔다.

가장 좋은 도자기 그릇을 사용하라. 피크닉 스타일의 야외 티파티는 봄이나 여름에 하기 좋으며, 휴가 때는 쿠키 커터 모양으로 자른 샌드위치와 함께하는 크리스마스 티파티가 가장 멋지다. 손주에게 다음에는 어떤 종류의 티파티가 좋을지 결정하게 하라! 12장에서는 함께 만드는 창의적인 대접하기에 대한 더 많은 아이디어를 찾을 수 있다.

티파티 아이디어

할머니의 딸기차. 만약 손녀네 집으로 가는 경우, 라즈베리와 딸기 허브 티백을 챙겨 가라. 손녀는 찻주전자에 물 채우는 걸 도울 수 있다. 물을 끓인 다음 식혀라. 설탕, 레몬 슬라이스를 넣고 손주와 함께 티파티를 즐길 수 있다.

티파티에 꼭 필요한 것. 여러 가지 밝은색의 반짝이는 설탕, 미리 만들어 놓은 색깔 있는 설탕 장식, 녹색 식용 색소, 동물 크래커, 미니 머핀 통과 작은 마시멜로를 준비하라. 티파티 필수품을 미리 챙기면 준비 과정을 재미있게 만들 수 있다. 손주에게 티파티를 위해 미니 마시멜로와 동물 크래커에 설탕 입히는 일을 시켜 보자. 그다음에는 설탕 쿠키 반죽으로 한입 크기의 쿠키를 만든다.

이때 굽기 전에 '반짝이는 요정 가루'를 추가한다.

손가락 크기 샌드위치. 쿠키 커터를 사용해서 여러 가지 멋진 모양의 샌드위치를 만들어 보라. 아이들은 쿠키 커터를 사용해서 빵을 자르고 땅콩버터와 젤리로 채우는 걸 좋아한다.

과일 파이. 손주와 함께 미니 파이 팬을 사용해서 작은 파이를 만들어라. 팬에 반죽을 누른 다음 다진 사과를 넣고 설탕, 버터, 계피를 뿌린다.

딸기 거품 레모네이드. 오직 세 가지 간단한 재료로 티파티와 테디 베어 피크닉을 위한 아주 특별하고 산뜻한 거품 음료수를 만들 수 있다! 재료를 주전자에 부어 주고 손주더러 섞게 하면 좋아할 것이다.

클럽 소다 또는 탄산수 1.9리터
해동된 레모네이드 농축액 30g
혼합된 딸기 퓌레 ½컵
냉동 딸기
얼음 조각

커다란 주전자에 해동된 레몬 농축액, 탄산수, 딸기 퓌레를 섞는다. 손주에게 재료들이 잘 섞이도록 젓게 하고 파티 때까지 차게 해 놓으라. 작은 유리잔에 얼음을 넣고 통딸기를 넣으면 특별한 축제가 된다!

아이들이 만드는 스콘. 스콘을 오븐에서 막 꺼내어 따뜻할 때 대접하는 것은 영국의 티타임 전통이다. 여기에 손주가 당신과 즐겁게 만들 수 있는 쉬운 조리법이 있다. 어린 손주는 버터와 계란을 대체할 휘핑크림을 사용함으로써 과정이 간단해져서 빵 굽는 일에 재미를 갖게 된다!

다용도 밀가루 1½컵
설탕 ½컵
베이킹파우더 2티스푼
소금 ½티스푼
휘핑크림 ½컵
잘게 조각낸 레몬 껍질 2티스푼
휘핑크림과 장식용 설탕 2티스푼
190℃로 오븐 예열해 놓기

1. 큰 믹싱 그릇에 밀가루, 설탕, 베이킹파우더, 소금을 섞는다.

밀가루 혼합물 가운데에 구멍을 만든다. 휘핑크림과 레몬 껍질을 추가한다.

2. 혼합물이 부드러워질 때까지 저어 준다. 손에 밀가루를 조금 바른 다음에 반죽을 치대면서 돌리고 움푹한 그릇에 다듬어 놓는다. 밀가루를 손에 묻혀 반죽 표면에 바르고 돌린다.

3. 밀가루 반죽을 펴서 지름 18cm 크기 원형으로 만든다. 식탁용 칼을 사용하여 밀가루 반죽을 6개나 7개 조각으로 나눈다. 조각을 3cm 간격을 두고 기름을 바르지 않은 쿠키판 위에 놓는다. 티타임을 위하여 조각들에 'T'라고 표시한다. 가볍게 크림을 바르고 설탕을 뿌린다.

4. 190℃로 예열한 오븐에서 18분 또는 황금빛 갈색이 될 때까지 굽는다. 좋아하는 잼과 함께 따뜻할 때 대접한다.

감동을 주는 아이디어와 저비용 활동들

아래에 소개하는 아이디어는 행복한 경험과 좋은 추억을 만드는 데 도움을 준다.

변장용 상자를 만든다. 당신의 오래된 혼수품 상자에는 무도회 때 끼었던 하얀 장갑, 보석, 오래된 모자, 동창회 여왕 미인 대회 때

받은 작은 왕관 등이 가득할 것이다. 이런 물건들은 손주를 위한 재미있는 마법의 원천이 될 수 있다. 손주에게 상자를 열어 보고 과거부터 내려온 당신의 보물을 자세히 볼 수 있게 하라. 또는 벼룩 시장에서 산 의상과 핼러윈이 끝난 후 75% 할인 받아서 산 소품, 모자 등으로 변장용 옷상자를 가득 채울 수 있다. 변장용 옷상자 는 상상 놀이를 하는 행복한 시간을 촉발시켜 준다.

버블랩(완충 작용을 하도록 기포가 들어 있는 비닐 포장재. 에어캡, 뽁뽁이라고도 함) **위에서 뛰어라.** 포장재로 쓰인 버블랩을 보관해 두어라. 어린이들은 대부분 버블랩 위에서 버블이 터지는 소리 듣는 걸 좋아한다. 이 놀이는 비 오는 날에 하면 아주 좋다.

훌라후프 경연 대회. 훌라후프를 몇 개 준비한다. 손주들은 우리 집에서 훌라후프 대회를 여는 것을 좋아한다. 추운 날이나 비 오는 날은 실내에서, 맑은 날은 바깥에서 한다. 훌라후프를 가장 오랫동안 돌린 사람이 승리한다. 모두 훌라후프 경연 대회에 참여 한다. 훌라후프 돌리기는 허리에 좋은 운동이며, 손주들에게는 에 너지를 발산할 좋은 기회이다!

달콤한 조각품. 손주에게 이쑤시개와 작은 젤리 과자를 주고 생물, 캐릭터, 구조물을 만들게 하라.

천재 키트. 비 오는 날에는 손주들에게 각각 연필, 티스푼, 실꾸러미, 포크, 젓가락 등 같은 물건을 10개에서 20개 제공한다. 각자 한 가지 물건을 택해 그 물건만으로 만들기를 한다. 평소 꿈꿔 온 것들을 만드는 일에 도전한다.

밤 쇼를 해라. 이번 여름에 모두 모였을 때 가족 포틀럭(각자 음식을 조금씩 가져와서 나눠 먹는 식사) 저녁 식사를 한 후 손주들이 말하는 '밤 쇼'를 했다. '밤 쇼'에서는 손주들이 모두 공연을 한다. 20개월 된 어린 루시도 음악에 맞추어 춤을 추었다. 손주들은 스타가 될 수 있는 무대를 꾸미기 위해 계획을 세우고 자신만의 의상을 만들었다. 우리는 스탠드 업 마이크를 사용했다. 손주들은 무대 음악에 쓰려고 CD도 가져왔다. 아이들은 각자 자기가 표현하고자 하는 인물로 분장하고 공연을 펼쳤고, 부모와 조부모는 청중이 되었다. 우리는 마지막 노래에 맞춰 함께 춤을 추었는데 매우 즐거웠다.

보물찾기. 최근 다섯 살 손자 루크가 밤을 보내러 왔을 때 미리 준비해 둔 보물찾기를 했다. 아이들은 깜짝 놀라게 해 주는 것을 좋아하는데, 루크도 마찬가지다. 루크는 해적 이야기와 해적 물건을 좋아하기 때문에 우리는 해적 보물찾기를 했다. 루크는 눈에 검은 안대를 하고 수색을 시작했다. 나는 루크가 긴 의자 밑에서 첫 번째 실마리를 찾을 수 있도록 "지금 추우니까 더 따뜻한 곳으로 가라."라고 힌트를 주었다. 루크가 읽는 법을 배우기 시작한 후로 단서를 해독하는 데에 더욱 재미를 느끼도록 옆에서 도왔다. 당신의 손주가 아직 글을 읽지 못한다면 그림을 사용해 단서를 제공할 수 있다. 보물찾기를 하는 데 쓸 수 있는 단서가 몇 가지 있다. 그저 시를 공유하려는 게 아니고, 당신의 아이디어를 자극하기 위한 것이다!

☆ 단서 1
비디오장 안을 뒤져 봐.
보물을 찾게 해 주고
너를 옳은 길로 인도해 줄
또 다른 단서를 찾을 거야.

☆ 단서 2
놀이주방 밑에
널 기다리고 있어.
단서는 숨어 있을지도 몰라.
가서 봐, 그리고 해 봐.

☆ 단서 3
새들이 밥 먹는 곳을 봐.

그러면 기다리고 있는

마지막 단서를 찾을 거야.

이제 더 이상 마음 쓰지 않아도 돼.

운율이 전혀 맞지 않는 그 메시지는 내가 가장 좋아하는 독서 의자에서 마지막 단서로 이어졌다. 루크는 풍선, 막대 사탕, 껌, 1달러 지폐로 가득 찬 작은 보물 상자를 좋아했다. 루크는 상자가 단순한 물건들로 가득 차 있었지만 기뻐서 펄쩍 뛰었으며 또다시 보물찾기를 하고 싶어 했다. 나는 새로운 단서를 만들어 냈고 루크는 또 해냈다.

특별한 이름. 한 할머니와 할아버지는 재미있게 부르려고 손주들 이름 앞에 특별한 형용사를 붙여 주었다. 행복한 헌터, 경탄스러운 도슨, 달콤한 스카일러이다. 이것은 그들의 마음을 묶어 주는 애정을 표현하는 연결 고리를 만들었다. 손주들을 특별한 이름으로 부르는 유일한 사람이 조부모다.

필립스 가족은 모두가 특별한 이름을 가지고 있다. 손주의 별명은 작은 숙녀 도깨비, 작은 벌레, 개미귀신, 사랑스러운 벌레이다. 손주들은 할머니라고 하지 않고 '도깨비 할머니'라고 부른다! '도깨비 할머니'의 남편은 한때 해적인 척하며 놀았던 것을 기념하여 '해적 할아버지'로 부른다. 조부모는 노스캐롤라이나에 살고 손주들은 플로리다, 펜실베이니아, 콜로라도에 살지만, 재미있는 별명은 그들 사이에 강한 유대를 만들어 냈다.

할머니의 마법 가방. 내가 듣고 실천한 가장 재미있는 아이디어 중 하나는 프랜리의 마법 가방이다. 화려하면서 구슬 장식이 있는 매혹적인 가방을 하나 구입하라. 마술사가 자신의 무대에서 어떤 가방을 사용하는지 생각해 보라. 나와 이 아이디어를 공유한 셰리 포터는 기이한 1970년대풍 가게에서 할머니 가방 하나를 발견했다. 나는 태국에서 여행하는 동안 치앙마이의 야시장에서 내게 맞는 가방을 찾았다. 지역 할인점이나 벼룩시장에는 재미있는 가방이 많다.

가방을 작은 스티커 책, 작은 박제 동물, 노트, 크레용과 같이 크지 않은 물건으로 채우라. 15~30분 동안 손주와 시간을 보낼 수 있는 것이면 무엇이든 좋다. 손주와 함께 외출할 때 가방을 가지고 가라. 손주가 레스토랑이나 차를 타고 멀리 갈 때 가만히 있지 않고 들썩이거나 짜증을 낼 때 조용히 말한다.

"와우! 할머니 마술 가방에서 뭔가 일어날 시간이구나!"

나는 이 아이디어를 손주에게 적용해 보았다. 나를 믿어라. 아이들은 깜짝 놀랄 만한 것들을 좋아한다. 그리고 할머니의 마술 가방에 무엇이 있는지 보고 싶어서 다시 만나기를 기대한다. 당신의 가방은 '나나의 가방' 또는 '미니의 가방'이 될 수 있으며 손주에

할머니의 마법 가방에는 무엇이 들어 있나?

할머니의 마법 가방 속에는 손주를 기쁘게 할 수 있는 물건이 많다.

☆ 작고 밝은색의 높이 튀는 공

☆ 설탕이 없는 막대풍선 껌

☆ 당신이 손주들에게 읽어 줄 수 있는 매력적인 미니 책

☆ 작은 크레용과 수첩 세트

☆ 재미있는 양말

☆ 돋보기(공원으로 가져가 잔디에 숨어 있는 것을 찾아본다.)

☆ 손주가 당신 집을 방문할 때 사용하는 뮤지컬 칫솔

☆ 손가락 인형

☆ 정원에서 손주와 함께 심을 수 있는 꽃 씨앗 1팩

☆ 작은 스티커 책

☆ 저렴한 가격의 참신한 팔찌

☆ 맛있는 작은 간식

☆ 미니 여행 게임

게는 이 모두가 순수한 즐거움과 놀라움의 마술로 다가간다.

비눗방울 만들기. 유치한 일에 즐거워하면서 멋진 추억을 쌓을 수 있다. 어린이와 심지어 아기에게도 점점 더 복잡한 전자 완구가 판매되는 때이지만, 아이들을 미소 짓게 하는 단순한 것도 많다.

비눗방울 만들기도 그중 하나다. 커다란 거품을 만들려면, 철사 옷걸이를 둥글게 구부린 다음 비눗물을 풀어 둔 넓적한 그릇에 살짝 담근다.

바깥으로 나가 큰 그릇에 비눗물을 부어 두고, 빨대나 소쿠리를 가지고 마음껏 놀게 하라. 비눗방울 만들기는 쉽고 값이 쌀뿐 아니라 훌륭한 사진의 소재가 된다.

잘 섞일 때까지 저어라!
— 액체 세제 ¼컵
— 물 ¾컵
— 묽은 옥수수 시럽 1½테이블스푼

거품이 오랫동안 터지지 않도록 하려면 글리세린 몇 티스푼을 추가하라. 공기가 통하는 용기에 담아서 비눗방울 만들기를 하기 전에 몇 시간 놔둔다. 그런 다음 즐기면 된다.

물총 놀이. 최근에 친구 코니에게 손주들과 함께 가장 재미있게 한 활동이 무엇이냐고 물었다. 코니는 곧바로 '물총 놀이'라고 대답했다. 코니는 올봄에 거의 두 살 된 손자 에탄을 만나러 가면서 에탄, 할머니, 할아버지를 위해 1달러짜리 물총 세 개를 샀다. 그리고 에탄에게 줄 신간 서적 여러 권과 큰돈을 들여서 어린이 수영장을 사서 가져갔다. 그중 가장 큰 인기를 끈 것은 값이 싼 물총이었다. 물총 싸움을 하느라 뒷마당을 뛰어다니는 동안 에탄의 킥킥거리는 웃음은 배꼽을 잡는 웃음으로 바뀌었다. 에탄은 할머니 집을 방문할 때마다 "물총 어디 있어? 놀자!"라고 말한다.

아침에 아이스크림 먹기. 아침에 아이스크림 먹기가 빠지면 재미없다. 손주들의 부모는 건강하고 균형 잡힌 아침 식사를 제공하기 위해 노력한다. 우리 조부모도 똑같다. 그러나 때로 아이스크림을 먹을 수도 있지 않나? 손주들에게 좋아하는 아이스크림이 무엇인지 물어보라. 그런 다음 아이스크림을 사서 상자에 손주들의 이름을 적어 냉동실에 넣어 두라. 아이들이 자주 방문하지 않으면 작은 상자가 적당하다. 손주들은 아이스크림을 먹는 시간에 자신만의 특별함을 맛보게 된다!

휴일 재미. 휴일은 편안한 마음으로 즐겁게 놀 수 있는 시간이다. 휴일에 손주와 함께 할 수 있는 활동이 많다. 다음은 독립 기념일과 크리스마스 때 할 수 있는 활동 예이다.

──────── 프랜시스와 친구는 집에 오는 손주들이 이웃을 알 수 있도록 독립 기념일 퍼레이드와 축제를 한다. 올해는 일곱 번째 연례 파티로 참가자 수가 80명으로 늘었다! 모두 애국심을 주제로

빨간색, 흰색, 파란색 풍선과 반짝이는 색 테이프로 자전거, 스쿠터, 마차를 장식하는 것으로 시작한다. 얼굴에 애국적인 문양으로 페인팅을 하고 군인 및 돌봄이 필요한 여성을 위한 물품을 수집한다. 또한 마을 광장을 두 번 퍼레이드를 하고 돌아와서 각자 가져온 음식으로 점심 식사를 한다. 그런 다음 물건 찾기 게임, 장애물 코스, 젤로(과일의 맛과 빛깔과 향을 낸 디저트용 젤리, 상표명) 먹기 대회, 물 풍선 경주 게임을 한다. 그들은 매년 새로운 게임을 추가한다. 마지막으로 수박을 먹고 호수 건너편의 불꽃놀이를 보며 하루를 완벽하게 마무리한다! 이 독립 기념일 행사가 손주들에게 감미로운 추억을 남긴다.

━━━━━━━━━ 크리스마스에 여섯 손주가 모두 모이면 나는 생강빵 집 2개를 준비한다. 첫해의 실패를 통해 교훈을 얻었다. 생강빵 집의 측면과 상단을 굽는 데 시간이 너무 오래 걸려서 장식용 아이싱이 미끄러져 떨어지고 모든 것이 무너졌다. 그래서 미리 조립된 것을 샀다. 껌, 레드 핫(캔디), M&M, 다양한 색상의 설탕을 입힌 막대 모양 젤리 그리고 집과 지붕을 장식하는 큰 흰색 설탕 젤리 2개를 내놓는다. 대회는 비닐 식탁보로 덮인 긴 테이블에서 진행된다. 손주들은 두 팀으로 나뉘어 생강빵 집을 꾸미고, 수다를 떨고, 사탕을 먹으며 즐거워한다. 마지막으로 눈처럼 보이도록 두꺼운 판지에 솜을 붙이고, 크리스마스 테이블 장식을 위해 만든 생강빵

집을 놓는다.

손주들은 각자 개성이 강해 이 놀이가 호응을 얻을 수 있었다. 아이들은 또 하고 싶다고 부탁할 것이다. 이 놀이를 싫어하는 아이가 있을 수도 있다. 그러면 플랜 B를 시도하라. 무엇을 선택하든지 이렇게 재미있는 물건들은 손주들의 마음을 조건 없는 사랑, 웃음, 소중한 추억으로 채울 것이다. 신나게 즐기라!

우리의 제일 윗 손자 두 명은 어렸을 때 차로 3시간 30분 정도 떨어진 곳에 살았다. 그 당시 우리는 농장에서 살았는데, 농장 생활은 손주들이 방문하는 동안 함께하기에 좋은 기회를 주었다. 우리는 여기저기에서 하이킹을 하고, 낚시를 하고, 4륜 오토바이를 타고, 달걀을 모으고, 양 떼에게 먹이를 주었다.

지금 우리는 도시에서 손주 넷과 가까이 살고 있다. 나는 어린 손주들에게 정기적으로 4륜 오토바이를 태워 준다. 손주들은 우리가 농장을 점검하러 갈 때 데리러 와 주기를 기대한다. 지난봄에는 하루 휴가를 내서 동굴 탐험에 데려갔다. 운 좋게도 우리는 탐험이 가능한 작은 동굴 근처에 살고 있다.

— 고마운 할아버지

4
손주와 밤샘 파티

집은 내 손주들이 있는 곳이다.

— 무명씨

우리 손주들은 '밤샘 파티'를 좋아한다. 손주들은 조부모의 집에서 하룻밤을 보내거나, 뒤뜰에 있는 텐트에서 캠핑하거나, 호텔에서 함께 지내려고 엄마와 아빠에게 작별 인사를 하는 순간부터 즐거워한다. 침낭, 보드게임, 팝콘과 함께 모험이 시작된다. 손주들은 밤샘 파티를 함께하는 그 순간을 즐거운 추억으로 간직할 것이다.

올해 일곱 살 된 칼렙은 올봄에 우리와 함께 밤을 보냈다. 칼렙은 함께 저녁을 먹은 후 언덕에서 스케이트보드를 탔다. 우리는 원반던지기를 하고 어두워질 때까지 축구공을 찼다. 그다음에는 실내에서 게임을 했다. 캔디랜드와 징고 보드게임은 슈퍼히어로만 있는 빙고와 같다. 우리가 사칙 연산 보드게임을 하려고 할 때 남편이 신문을 읽다가 잠이 들었기 때문에 나는 칼렙에게 대니얼 분(미국의 개척자)에 관한 책을 읽어 주었다. 이튿날 아침 우리는 칼렙이 좋아하는 달러스토어(1달러 이하짜리의 염가 판매점)로 놀러 갔다. 칼렙은 FBI팀 키트, 색안경, 수갑 같은 1달러짜리 물건들을 골랐고, 남편은 나뭇조각을 찾았다. 집에 도착하자마자 칼렙은 남편과 함께 나무로 된 방패와 칼을 만들었다. 둘은 나무도 팼다. 칼렙은 남북 전쟁 소총과 제2차 세계 대전 때 일본 무사가 쓴 검을 만져 보았다. 진짜 소총과 검을 만진 일이 손자에게는 얼마나 큰일이겠는가! 값비싼 것을 사지 않고 멀리 여행을 가지도 않았지만 칼렙은 잊지 못할 시간을 보냈다.

한 번에 한 명과 밤샘 파티를 하는 이유는 그 손주를 더 깊이 알고 이해할 수 있기 때문이다. 밤샘 파티 때, 여름에는 아이스캔디를 먹고 겨울에는 난로 옆에 앉아 책을 읽을 수 있다. 여섯 손주와 동시에 함께 있는 것은 특별하다. 1년에 딱 두 번 한다. 손주들의 나이 차이가 크지 않아서 모두 함께하면 마치 울타리에 가두려는 체육 교사같이 느껴진다! 그래서 나는 손주들과 일대일로 시간을 갖는 걸 소중히 여긴다.

쌍둥이와 밤샘 파티

앤은 쌍둥이 손자인 맥스와 올리버가 아주 어렸을 때부터 함께 밤을 보냈다. 앤은 쌍둥이에게 두 배의 재미를 주기 위해 매우 바빴지만 손주들은 신나는 경험을 했다. 맥스와 올리버는 집에서 식사하거나 밖으로 나가 햄버거를 먹고 공예품을 만들거나 그림을 그린다. 이웃 아이들과 함께 야외에서 놀기도 한다. 저녁에 하는 마지막 활동은 함께 영화 보기인데, 종종 주제가 있었다.

예를 들어 존 웨인 탄생 백 주년 기념일에는 세 사람이 샘 클럽에 가서 존 웨인의 영화 비디오를 여러 개 사서 함께 봤다. 주제가 야구일 때는 저녁 식사로 핫도그를 먹으며 꿈의 필드(Field of Dreams)를, 뮤지컬이었을 때는 올리버(Oliver)를 보았다. 많은 출연자가 함께 노래하

> 할머니 할아버지와 함께한 밤샘 파티는 한 번에 한 명씩 따로 만났기 때문에 매우 특별했다. 손주 8명 중 남자아이가 4명, 여자아이가 4명이었다. 할머니 할아버지와 따로 만난 시간은 소중했다. 우리는 휴식을 취하며 정원을 가꾸고 뜨개질을 했다. 조부모는 어렸을 때의 이야기, 영어도 못하면서 트렁크만 가지고 어떻게 이 나라에 왔는지, 어떻게 만나 결혼했는지에 관한 이야기를 여러 번 들려주었다. 조부모님과 함께 보낸 밤샘 파티와 특별한 시간은 무엇과도 바꾸지 않을 만큼 나에게 소중하다.
>
> — 에이미 크루프카

고 춤추는 장면을 보면서 손주들도 덩달아 춤을 추었다. 앤은 손주들이 특정 배우에 관심을 보이면 그 배우가 등장하는 다른 영화들을 모았다.

하지만 즐거움은 여기에서 멈추지 않았다. 세 사람이 앤의 침대에 올라가 이야기 시간을 보낸 뒤 불을 껐다. 앤은 천사처럼 생긴 손자들을 바라보며 모두 잠들었다고 생각했다. 그 순간 한 명이 속삭이거나 농담을 하거나 킥킥거리기 시작한다. 웃음소리는 전염성이 있어 눈물이 뺨을 타고 흘러내릴 때가 되어서야 끝이 난다. 맥스와 올리버는 열두 살이 되었지만 다른 활동보다 할머니와 함께하는 밤샘 파티를 고를 것이다. 이건 앤에겐 결코 잊을 수 없는 추억들이다.

단지 함께하는 시간

메리와 짐 메이어는 손주 셋을 '스테이크 앤 셰이크'(식당 이름)에 데려가서 종이로 된 식당 모자를 쓰게 해 주거나 집에서 하룻밤 재우는 걸 재미있다고 생각한다. 그들은 손주들의 걸음걸이에 맞추어 걷고, 손주들이 바위에 올라갈 수 있도록 돕고, 연못에서 오리에게 먹이를 주고, 공원에서 그네를 타고, 커다란 레고로 온갖 종류의 구조물을 만들고, 손주들이 좋아하는 책을 반복해서 읽어 주는 걸 좋아한다. 할머니가 손수 만든 누비이불을 덮고 몸을 웅크린 채 '니모를 찾아서', '인크레더블' 같은 영화를 본다. 그리고 이튿날 아침 할아버지가 만든 미키마우스 팬케이크를 먹는다. 메리와 짐은 손주들을 신이 주신 가장 큰 축복이라고 생각한다.

소녀와 소년의 밤샘 파티

일리노이주에 사는 도리스 할머니는 19개월에서 15세 사이의 손주가 열다섯 명이나 된다. 각 가정은 직장, 학교, 교회 및 스포츠 활동으로 바쁘게 살고 있다. 도리스도 무척 바쁘다. 그러나 도리스는 손주들을 위해 특별한 시간을 갖는 것이 매우 중요하다고 생각한다. 손주들을 가장 즐겁게 하는 것은 밤샘 파티이다. 한 번은 일곱 명의 손자들을 위해서, 한 번은 일곱 명의 손녀들을 위해서 한다. 19개월 된 아기는 너무 어려서 밤샘 파티를 할 수 없다.

활동과 게임은 나이에 따라 달라지는데, 실내에서는 보드게임, 카드 게임 등을 하고, 실외에서는 모닥불에 마시멜로를 구워 먹거나 숨바꼭질이나 유령 놀이를 한다.

때로는 동물원, 지역 축제, 지역 목장에 가거나 아이스크림을 사러 간다. 특별한 날에는 기차를 타고 시카고 시내로 이동하여 해군 부두, 레고 상점 등을 들르고, 레인 포레스트 카페에서 식사하

할머니에 대한 추억

할머니에 대한 추억은 매우 선명하다. 할머니는 손주가 17명이나 있는데도 우리 각자가 자기를 가장 좋아한다고 느끼게 하는 특별한 재능을 가지고 있었다. 할머니가 방문할 때에는 특별한 선물과 팝콘 상자를 가지고 왔다. 나는 팝콘 상자를 볼 때마다 항상 할머니를 생각한다. 할머니는 생일이나 특별한 휴일을 절대 잊지 않고 항상 편지를 보냈다.

손주 중 8명이 위스콘신에 살았을 때 할머니는 툴사에서 차를 몰고 와서 풀장이 있는 호텔 방에서 피자 파티를 해 주고, 우리만 불러 밤샘 파티를 해 주었다. 우리는 매년 이 파티를 기다렸다.

우리는 할머니가 준 물건이나 행동이 아니라, 할머니가 누구였는가에 대해 늘 생각한다. 할머니는 유머 감각이 뛰어나고 잘 웃었다. 또 우리 각자와 개인적인 관계도 키워 주셨지만 서로를 찾도록 격려했다.

대학에 다닐 때 할머니로부터 카드를 받았는데, 사촌인 팀과 점심을 먹으라는 글과 함께 20달러가 들어 있었다. 할머니는 우리가 가족들과의 유대관계를 유지하기를 원했다. 할머니는 우리가 어른이 되었을 때도 사촌들끼리 모여서 놀았다는 소식에 가장 기뻐하였다.

— 메기 풀러

고 마무리한다.

늦은 밤에는 팝콘과 영화로 긴장을 푼다. 아이들이 가장 좋아하는 영화는 '베지테일', '구원의 길', '나니아 연대기 시리즈'이다. 아이들은 침낭에서 함께 자는 것을 좋아하고, 조부모는 손주들이 잠자리에 드는 시간에 대해 너그럽다. 하지만 자정이 되면 모두 깊이 잠든다. 이튿날 아침 일찍 일어나서 할아버지에게 팬케이크를 달라고 하고, 누군가는 자기가 식사 준비를 돕겠다고 제안할 것이다.

점심을 먹고 짐을 쌀 때 도리스는 손주들에게 집에 돌아갈 때 짜증을 내지 않도록 상기시켜 준다. 짜증을 내면 부모가 밤샘 파티 참석을 허락 안 할 수도 있다! 지난 2년 동안 학기 마지막 날에 열네 살 된 손주들을 위해 학년말 축하 파티를 해 주었다. 손주들은 한두 명의 사촌과 함께 생일파티를 한다. 그리고 가고 싶은 곳과 좋아하는 활동을 선택한다.

박물관과 동물원 밤샘 파티

동물원과 과학 박물관, 어린이 박물관에서는 1년에 몇 차례 조부모와 손주들이 밤에 은밀하게 할 수 있는 야간 행사를 연다. 아이들은 동물원에서 야간 투어를 하면서 먹이를 찾아 살금살금 돌아다니는 사자와 호랑이를 구경하고, 역사 박물관에서 이집트 미라를 손전등으로 비춰 보고, 북극곰을 위해 아이스캔디를 만들 수 있다. 일부 천문관에서는 석 달에 한 번씩 어린이가 별 아래에서 잠을 자고 별자리 이야기를 들을 수 있다. 어린이 박물관에서는 전문 이야기꾼이 잠자리 동화를 들려준다. 어떤 야간 프로그램을 이용할 수 있는지 현지 박물관과 동물원에 문의하라.

주제가 있는 밤샘 파티

주제가 있는 밤샘 파티는 언제나 환영받는다. 다섯 살부터 열다섯 살까지 여자아이에게는 온천 밤샘 파티를 해 줄 수 있다. 손톱과 발톱에 매니큐어를 칠하고 장신구와 화장품을 주어 단장해 보게 하라. 십 대에게는 얼굴 마사지와 분장으로 마무리하는 '미의 여왕' 밤샘 파티를 하게 하라. 카메라는 꼭 챙기라! 저녁은 '프린세스 다이어리'(영화 제목)와 함께 마무리하라.

주제가 공주라면 판지와 반짝이로 자신의 공주 왕관을 만들도록 하라. 아이들은 스카프와 베개를 사용하여 왕좌를 만든 다음 당신이 왕족이 먹어도 됨 직한 '잔치'를 할 수 있도록 도울 수 있다.

오클라호마에 사는 주디와 앤 할머니는 레바논의 베이루트에 살고 있는 손주들을 방문했을 때, 호텔에서 공주를 주제로 한 밤샘 파티 계획을 세웠다. 그들은 작은 손녀인 안나를 초대하여 밤을 보내기로 하고, 신데렐라 구두와 깃털 달린 목도리와 모자를 챙겼다. 그리고 자신들을 위한 깃털 목도리와 깃털 모자를 가져왔다. 그들은 '로열' 호텔 수영장에서 수영하고 화려한 쿠키와 고급 빵을 곁들인 티파티를 했다. 또 공주 서적을 읽고 다른 사람들이 빤히 보는데도 공주 의상을 입고 호텔 레스토랑에 내려가서 저녁 식사를 했다.

그들은 호텔 방을 마법의 성처럼 생각했고 안나는 마음껏 놀았다. 잠자리에 들어 침대에서 껴안고 신데렐라 DVD를 보았다. 할머니들은 집으로 돌아가면서 특별한 추억과 함께 안나가 공주 의상과 영화 DVD를 나중에도 즐길 수 있도록 두고 갔다.

손자와는 슈퍼 히어로 밤샘 파티를 계획할 수 있다. 천으로 망토를 만들어 걸치고 징고(어린이 보드게임) 놀이를 한 다음 좋아하는 슈퍼 히어로 DVD를 본다.

해적 밤샘 파티를 위해 안대를 하고 해적 분장을 하고 해적 의상을 사서 입히라. 커다란 판자를 가지고 가까운 놀이터로 가서 바다의 해

밤 산책

우리는 밤 산책을 좋아했는데, 할머니는 항상 모험에 대비해 야광 스틱을 들고 있었다. 밤길을 걸을 때, 우리들은 어둠의 숲을 지나 호수를 거닐며 장난스럽게 칼싸움을 했다. 그러다 별을 올려다보았다. 사슴 뼈를 발견한 적도 있는데 할아버지는 다른 뼈와 무엇이 다른지 알려 주었다. 우리는 크리스마스가 되면 밤 산책을 할 때 손을 흔들어 주던 이웃에게 크리스마스 캐럴을 불러 주곤 했다. 우리 가족에게 밤 산책은 밤샘 파티의 특별한 과정이다.

— 프랜시스 스트릭랜드

적선에 있는 것처럼 판자 위를 걷게 하라. 그러다 옆으로 넘어지며 벌칙을 받는 흉내를 내게 하라. 그러고는 집에서 '피터 팬'이나 '후크'를 보여 주어라. 조금 나이가 많은 아이에게는 '카리브해의 해적' 영화를 보여 주어라. 잠들기 전에 해적 이야기를 들려주는 것을 잊지 마라.

어린 손주들을 위해 디즈니 밤샘 파티를 해 보라. 핼러윈 이후에는 도널드 덕, 구피 또는 다양한 디즈니 캐릭터 의상을 할인가로 살 수 있다. 복장을 갖추고 아이들과 함께 집 주변에서 퍼레이드를 펼쳐라. 나중에는 긴장을 풀기 위해 디즈니 영화를 보고 다음 날 아침에는 휘핑크림을 얹은 미키 마우스 팬케이크를 먹어라. 미키 마우스 팬케이크는 손주와 밤샘 파티를 할 때 온 나라에서 대단히 유행하는 것 같다.

> 손주들이 당신을 소중히 여기도록 하려고 슈퍼 할머니가 될 필요는 없다.
> 하나의 소중한 추억이 평생 남을 수 있다.
> ― 자넷 라네즈

공예품 밤샘 파티는 점토 공예나 비즈로 장신구 만들기 등 만들기를 함께하며 밤을 보내는 것을 말한다. 공예품 밤샘 파티 때 크리스마스 장식품을 만들 수 있으므로 크리스마스 전에 하는 것이 좋다. 11장에 당신이 선택할 수 있는 예술과 공예 프로젝트가 많이 있다.

텐트가 있고 뒤뜰에서 캠핑을 할 수 있으면 좋다. 그렇다고 캠핑 밤샘 파티를 꼭 야외에서 할 필요는 없다. 거실에 작은 텐트를 세우거나 시트나 담요로 텐트를 만들어 실내 야영을 할 수도 있다. 텐트 안에 베개를 많이 놓아두고 저녁 식사와 디저트를 위해 마시멜로를 요리하라. 뒤뜰이나 집 안의 모든 조명을 끄고 손전등으로 '곰 사냥'을 하라. 아이들이 침낭에 들어가면 이야기를 하면서 마무리 지어라.

단지 살아남는 것이 아니고 즐기는 밤샘 파티 팁

손주 한 명과 밤을 보내는 것은 케이크 한 조각 먹는 것처럼 쉬운 일이지만 손주 모두, 또는 힘이 넘치는 아이들을 감당하는 것은 벅찰 수 있다. 어느 쪽이든 손주와 밤샘 파티를 즐기고 '대단하게' 만드는 몇 가지 방법이 있다.

단순하게 유지하라. 당신이 함께 즐기는 단순한 순간이 행복한 추억을 만든다는 것을 기억하라. 많은 비용을 들이거나 좋은 음식을 먹는 것보다 관계를 만들고 서로 즐기는 것이 중요하다.

우스꽝스러운 일을 시도해 보라. 비눗방울 불기나 숨바꼭질하기 같은 재미있는 일을 하라. 3장을 보면 '손주들과 할 수 있는 재미있는 일'에 관한 많은 아이디어가 있다.

함께 요리하라. 당신의 손주가 부엌에서 당신을 도와주게 하라. 피자 위에 토핑을 얹거나 쿠키를 장식하게 하라. 가장 어려운 요리 과정은 사진을 꼭 찍어 둬라.

공예품을 만들라. 손주들은 커다란 흰색 종이와 마커를 사용하여 벽화를 그리거나 당신과 대화를 나누며 떠오른 생각을 그릴 수 있다. 예술과 공예에 관한 간단하고 비용이 적게 드는 아이디어는 11장을 확인해 보라.

환영의 장소를 만들라. 손주들을 안아 주고 웃음으로 반겨 주는 행동은 집에 온 것을 환영한다는 것을 알려 준다. 가지고 노는 장난감도 마찬가지이다. 변장 의상과 오래된 옷, 보드게임, 야외 놀이를 위한 공 등을 구비해 놓으라. 아이들이 구애 받지 않고 놀이를 할 수 있는 곳을 지정해 주라.

한계를 설정하라. 예를 들어 달리기는 바깥에서만 하기, 식사는 부엌에서만 하기 등이다. 가정마다 고유한 지침이 있다. 손주들이 이러한 사실을 알고 있으면 밤샘 파티가 더 재미있을 것이다.

조직하라. 한 번에 여럿이 함께 밤샘 파티를 한다면 게임 계획을 세우는 것이 좋다. 정신없는 속도로 빠르게 진행하지 말고 휴식을 취하면서 함께 어울리는 시간을 가져라.

잠시 휴식을 취하라. 손주가 도착하기 전에 큰 인내심과 에너지를 비축하라.

잔디밭, 뒤뜰, 호텔 등 어디에서 어떤 종류의 밤샘 파티를 하든지, 간단한 놀이든 아주 정교하게 계획한 놀이든지, 추억을 남기고 함께 즐겁게 지내면 된다. 다만, 손주들과 노느라 못 잔 잠을 보충하기 위해 충분한 휴식을 취해야 한다!

5

사촌 캠프를 통해 손주와 함께하기

즐거움은 손주가 있을 때

항상 가까이 있다.

— 무명씨

바버라 어윈의 손주들을 위한 사촌 캠프는 손주가 둘뿐이었던 수 년 전에 시작되었다. 바버라는 손주들이 다른 주에서 살았으므로 오클라호마주 이니드에 있는 자기 집으로 일주일 동안 부모님 없이 오라고 초대했다. 손주가 둘에서 셋, 넷, 다섯으로 늘어나면서 사 촌 캠프도 커지게 되었다. 8년 후에는 여섯 번째와 일곱 번째 손주 들이 함께했다. 네 살이 되면 손꼽아 기다리던 캠프에 참여할 수 있다.

바버라 부부는 어떻게 1주일간 집에서 많은 손주를 돌보고도 머리카락이 빠지지 않았을까? 바버라는 단순한 일을 함으로써 추억을 만들기로 생각했다. 레모네이드 만들기, 뒤뜰에서 크로켓 하기, 농구하기, 나무 오르기, 진흙 파이 만들기, 피크닉 가기, 물총 싸움 하기 등이다. 할아버지는 손주들이 뒤뜰에 요새 짓는 것을 도왔다. 할아버지가 해군 선장이었기 때문에 가까운 군사 기지에서 무료 또는 저렴한 비용으로 활동을 할 수 있었다.

바버라는 조직적인 할머니였다! 항상 손주들이 도착하기 전에 계획을 세웠다. 아이들은 나이와 주된 관심사에 따라 자기가 가장 하고 싶은 것을 골랐다. 가장 중요한 것은 모두가 함께 참여해야 한다는 것이었다.

손주가 두 명이었을 때는 손주들의 침대 준비가 쉬웠다. 그러나 손주들의 수가 늘어나자 침대 준비가 어려웠다. 손주들은 초라한 잠자리에서 잠을 잤다. 그러나 아이들이 같은 방에서 자는 걸 좋아했기 때문에 전혀 문제가 되지 않았다

바버라 부부가 세일할 때 자전거를 사 둔 덕분에 손주들은 캠프 주간에 자신의 자전거를 탈 수 있었다. 대도시에 사는 아이도 있고, 산악 지역에 사는 아이도 있어서 자전거 타기는 최고 인기 활동이었다. 손주들은 집에서는 누릴 수 없었던 자유를 누렸다.

바버라는 야외 활동을 할 수 있는 날에는 플랜 A를, 비 오는 날에는 플랜 B를 실행했다. 플랜 A를 실행하는 날은 자전거로 지역 편의점에 가는 것으로 시작된다. 손주들은 무리를 지어 가게 앞에서 중고 물건을 팔았다. 할머니가 맨 앞, 가장 어린 손주가 그다음,

가장 나이가 많은 손주가 맨 뒤를 맡는다. 아이들은 할머니가 만들어 준 작은 형겊 가방을 핸들에 매달고 간다. 아이들은 가지고 있던 1달러로 먹고 싶은 사탕을 사서 가방에 넣어 가져와, 서로 교환하는 걸 좋아했다.

플랜 B를 실행하는 날은 박물관에 가거나, 쇼핑을 하거나, 영화관에 가거나, 다이아몬드 게임이나 사다리 게임 등을 한다. 바버라가 자란 장소로 손주들을 데려가서 어린 시절 모험 이야기를 들려주기도 한다.

젊고 활력이 넘치는 40대 할머니인 바버라는 여름 방학이 있는 학교의 관리자였다. 바버라는 사촌 캠프를 기획하고 실행하기를 고대하였

> 손주들은 모두가 빛의 속도로 움직이는 사회 속에서 다람쥐 쳇바퀴 돌듯 하는 단조로운 생활에서 벗어나 잠시 쉬면서 천천히 가게 한다. 네 살짜리 손자가 웃으면서 무릎에 뛰어들고, 손녀와 사랑스러운 포옹과 키스를 나누고, 나이 든 손자와는 진지하게 대화하고 골프를 치고 체스 게임을 하는 일은 가장 바쁜 회사의 회장 또는 CEO도 하던 일을 멈추고 손주와 시간을 즐기도록 한다.
>
> — 아치 던햄

다. 바버라의 남편은 여전히 일을 했기 때문에 저녁 활동에 참여했다. 미니 골프, 고카트(지붕이 없는 작은 경주용 자동차), 스노콘(시럽으로 맛을 낸 셔벗의 일종)을 매일 밤 즐겼다. 손주들이 나이가 들면서부터는 할아버지가 집에 돌아오면 함께 골프장으로 향했다.

손주들은 요리하는 것을 별로 좋아하지 않았으므로 정오에는 피크닉을 가고 밤에는 외식했다. 바버라는 원래 꼼꼼한 가정주부였지만 캠프 주간만큼은 모든 것을 여유롭게 했다. 바버라는 손주들과 함께 재미있는 시간을 갖고 추억을 만드는 데 집중했다. 손주들이 돌아간 뒤에는 티끌 하나 없이 깨끗하게 집 안 정리하는 일에 매진했지만 캠프 주간에는 크게 신경 쓰지 않았다.

손주들이 십 대 또는 이십 대가 되었지만 함께 모이면 아직도 사촌 캠프가 어떻게 서로 자신들을 결속하는 데 도움을 주었는지 이야기한다. 손주들은 전국에 흩어져 있지만 여전히 서로 가깝게 지낸다. 손주들은 여름에 조부모에게 가는 것이 디즈니월드에 가는 것만큼 즐거웠다는 데 모두 동의했다. 손주들은 디즈니월드에 가기 위해 사촌 캠프에 참석하는 걸 포기하지 않았을 것이다.

사촌 간 유대감 형성

며칠간 모든 손주를 한 장소에 모아 공동생활을 하는 데에는 큰 이유가 있다. 모임 이름은 '사촌 캠프', '나나 캠프', '주주 캠프', 무엇이든 괜찮다. 사촌 캠프의 주요 목적은 손주들을 만나 즐기는 것 외에도 손주들이 서로 함께하고 관계를 구축할 수 있도록 돕는 데 있다. 많은 가정의 손주들이 다른 지역, 심지어 다른 나라에서 살고 있다. 이들이 며칠간 같이 지내는 것만으로도 평생 지속될 수 있는 사촌 간의 추억과 친밀한 관계가 형성될 수 있다. 이 일을 조부모가 해 줄 수 있다!

주리 조르단은 손주들이 아주 어렸을 때부터 텍사스주 커빌에 있는 자기 집에서 일주일을 보내자고 초청했다. 주리는 손주가 한 주 동안 수영을 하고 테니스를 치며 나중에는 골프를 칠 수 있도록 큰 밴에 혼자서 짐을 실었다. 6년 동안 주리는 도우미 없이 손주 아홉 명을 데려갔다. 얼마나 대단한 여성인가! 만약 손주들이 배변 훈련을 받을 정도라면 함께 가야 한다.

첫 캠프 주간에 세 살 된 막내 손녀가 물었다.

"할머니, 점심으로 핫도그 먹나요? 나는 핫도그 좋아하지 않아요."

"아가야, 여기는 캠프이고 캠프에서는 모두 똑같은 것을 먹는단다."

그러자 아홉 살짜리 손주가 끼어들었다.

"그렇다면 앞으로 이 캠프를 '오클랜드 힐즈 캠프!'라고 부르자."

손주들이 그 이름을 너무 좋아해서 낮잠 시간 이후 시내로 나가서 '오클랜드 힐즈 캠프' 티셔츠를 만들어 왔다. 엄마들은 매일 저녁 식사를 위해 캐서롤(오븐에 넣어서 천천히 익혀 만드는 한국 음식의 찌개나 찜 비슷한 요리)을 준비해서 보내 주었다.

주리는 이렇게 즐거운 일뿐만 아니라 손주들이 해야 할 집안일에 대하여도 도표를 만들었다. 손주들은 모두 자라서 미국 각 지역과 세계에 퍼져 있다. 브라질, 인도네시아, 시애틀, 워싱턴 D.C., 댈러스와 오스틴에 서로 떨어져 살고 있다. 그러나 지금까지도 서로 밀접한 관계를 유지하고 있다. 이번 노동절에는 할머니와 만나기 위한 계획도 세웠다.

> ### 나는 모두와 함께 있는 것을 좋아한다!
>
> 내 사촌들은 미국 각 지역에 흩어져 살고 있어 거의 함께하지 못한다. 할머니, 할아버지와 함께 집에서 놀고, 리조트에 가고, 여행을 떠나고, 잠자리에서 농담을 하며 웃고, 모험을 하였던 사촌들과의 캠프와 멋진 할머니, 할아버지를 언제까지나 기억할 것이다!
>
> — 재클린 애덤스, 11세

다양한 조부모와 다양한 사촌 캠프

나는 여러 조부모와 이야기를 나누면서 재능 있고 창의적이며 열정적인 조부모들이 놀라운 캠프를 열고 있음을 확신한다! 한 할머니는 손주들이 해마다 특별한 시간에 함께 만들 수 있는 다양한 공예품을 선보이고 있다. 사촌 캠프를 열기 위해 호숫가의 집이나 산장을 소유한 이도 있고, 매년 부모가 데리러 오는 날 손주들이

하는 연극을 위해 희곡을 쓰고 연출하는 이도 있다. 하지만 정말 중요한 것은 함께 보내는 시간 동안 손주들이 만드는 추억이다.

샌디의 극장 캠프

샌디의 극장 캠프는 필요에 따라 점점 진화했다. 며칠 함께 있다 보면 아이들이 서로 으르렁거리고 샌디도 머리카락을 쥐어뜯을 정도로 힘이 들었다. 샌디는 몇 년간 손주들과 함께 있는 동안 수영 수업이나 성경 학교에 데려갔지만 새로운 관심 주제를 찾을 필요성을 느꼈다. 그래서 생각했다.

'나는 노래는 못하지만 손주들이 공연할 수 있는 희곡은 쓸 수 있어.'

샌디가 쓴 첫 번째 희곡은 '다이아몬드 반지의 신비'였다. 손주들은 할머니 집에 도착한 후 의상과 소도구를 찾았다. 그리고 리허설 주간의 마지막 날, 부모님이 데리러 오는 날에 첫 번째 공연을 했다. 자유 시간에는 수영도 하고 놀기도 했지만 서로 신경을 건드리면서 싸울 시간은 별로 없었다. 아이들은 연극 준비하는 과정과 연기하는 것이 너무 재미있어서 할머니에게 한 편 더 써 달라고 간청했다.

다음은 '서커스 놀이'였다. 아이들은 각자 자신이 원하는 배역을 선택했다. 옷 가게에서 의식의 주인공, 레오더라이언(온라인 게임명), 사자 조련사, 스트롱맨, 서커스 광대가 되기에 적합한 의상을 찾아냈다. 할머니는 타는 듯한 빨간색 가발로 분장하고 사회자 역할을 했다. 줄타기 곡예사는 할아버지가 컴퓨터에서 틀어 주는 드럼 소리에 맞춰 노란색 테이프 줄 위에서 균형을 맞춘다. 세 개의 훌라후프는 세 개의 고리가 되었다.

아이들이 가장 좋아하는 작품 중 하나는 '슈퍼 히어로'였다. 할머니는 악당 조커가 납치한 소녀 역할을 맡았다. 소녀를 구출하는 임무는 슈퍼맨, 스파이더맨, 플래시, 벌컨이 맡았다. 아이들은 의상과 메이크업 고르는 것을 아주 좋아하였고 대본을 받은 뒤 자신만의 느낌을 보탰다.

> 주초에는 같은 색상의 티셔츠를 입은 모든 사람의 디지털 단체 사진을 찍거나 흰색 티셔츠에 사촌 캠프 로고와 날짜를 리버스 전사 프린팅으로 박은 셔츠를 입고 사진을 찍을 수 있다. 아이들이 한 주 동안 입고, 단체 사진과 함께 집으로 가져간다.

샌디는 심지어 집에서 하는 에티켓 레슨도 끼워 넣었다. 아이들은 연극을 시작하기 전에 검은색 바지, 흰 셔츠에 나비넥타이를 매고 샌디 할머니가 이탈리아 식당에서 주문한 제대로 된 세 가지 코스 요리를 부모에게 대접하였다. 리허설 중에는 요리할 시간이 없기 때문이었다. 그런 다음 슈퍼 히어로를 공연하기 위해 의상을 바꾸어 입었다. 작년에는 '미국 아이돌'을 공연했다. 사이먼 코웰은 할머니가 맡았고, 라이언 시크 레스트는 노래 부르기를 싫어하는 손자가 맡았다. 아이들이 연주 한 곡들은 미키 마우스 주제곡부터 엘비스 프레슬리의 '사냥개'에 이르기까지 다양했다. 아이들은 자신의 안무를 생각해 냈다. 피날 레에는 4명 모두가 YMCA를 불렀는데, 경찰관, 건설 노동자, 자전 거 타는 사람, 인디언 복장을 하였다. 샌디의 손주들은 현재 고등 학생인 십 대이다. 극장 캠프를 시작했을 때 다섯 살이던 아단은 현재 중학교에 다닌다. 아이들은 다음 연극을 위해 현재 각본 작업 을 하고 있으며 함께 작업한 사진과 추억은 마지막 공연 이후에도 지속될 것이다.

사촌 캠프의 원활한 항해를 위한 전문가의 조언

다음은 5년에서 15년 동안 사촌 캠프를 열었던 조부모로부터 수집한 몇 가지 전문적인 제안이다.

일주일 계획을 미리 잘 세워라. 내가 아는 어떤 이는 각 가족에 게 가능한 날짜 목록 중에서 가장 좋은 날짜 3일을 선택하도록 요 청하고 안 되는 날짜도 묻는다. 다른 휴가 계획을 세우기 전에 연초 또는 크리스마스에 사촌 캠프를 여는 데 도움이 된다. 매년 손주들이 나이를 먹고 자신의 활동으로 더욱 바빠지면서 사촌 캠프를 위해 일주일을 따로 비워 두는 것이 더 어려워진다. 하지만 할 수 있다.

작게 시작하라. 만약 당신이 사촌 캠프를 5일 또는 7일간 캠프로 한 번도 해 보지 않았다면(나는 고모할머니가 우리 가족 사촌 캠프를 하고 나서부터 하지 않았다.) 2일이나 3일 또는 긴 주말에 모이는 것으로 시작해 보는 걸 고려할 수 있다. 사촌끼리 밤샘 파티를 하거나 한 번에 두 명으로 시작하는 것이 좋다. 그러면 아이들이 더 많은 시간을 함께 있고 싶어 하고 당신은 매년 프로그램을 세울 수 있다.

메리 조 마틴의 손주들은 필라델피아, 덴버, 캘리포니아, 일리노이에 산다. 메리는 한 번에 두 명씩 할머니 캠프에 오게 하는 것을 좋아한다. 메리는 바느질 프로젝트를 손주들과 함께하는데, 재봉틀을 오랫동안 하게 하지 않는다. 이런 주말 프로젝트 외에도 자연센터와 박물관에 가고 나무집에서 놀고 메리가 가지고 있는 3,000여 평의 땅에 있는 산길과 숲을 탐험하는 데 많은 시간을 보낸다.

당신을 위해 일하라. 마샤 밴은 '허니 캠프'를 열어 모든 손주를 모았는데, 아이들이 너무 격렬해 정신이 없었다. 그래서 여름 5

주 동안 매주 손주들을 따로 불러서 '허니 캠프'를 연다. 아이들은 각각 자기 주간에 캠프에 참여하여 재미있는 노래를 부르고 게임을 한다. YMCA로 데려가서 농구도 하고 레이저 오토바이를 타기도 한다. 할아버지가 손자들과 골프를 치기도 한다.

체계화하고 계획을 세우라. 충분한 시간을 갖고 계획을 세운다면 캠프가 훨씬 즐거울 것이다. 활동과 음식 마련을 위해 일정 금액을 따로 떼어 두라. 손주들이 활동 계획을 세우고 식사 준비를 도와주도록 하라. 손주들이 도착하기 전에 휴식을 취해 체력을 비축하라. 활동 계획을 세우는 데 도움이 되도록 손주들에게 그들의 관심사를 개별적으로 물어보라. 이런 과정을 통해 어떤 이는 한 아이가 나무집을 원한다는 것을 알아챘다. 그래서 다음 해 여름에 모두 힘을 합쳐 뒷마당에 나무집을 지었다. 손주들이 매우 좋아하였을 뿐만 아니라 많은 활동에 그 나무집을 사용했다.

할아버지의 도움을 받고 참여시키라. 손주들의 나이가 비슷하고 수가 많으면 도와줄 사람이 필요하다. 가능하다면 할아버지와 다른 가족들을 참여시켜라. 아들과 사위가 정기적으로 빨래를 해 주고 장난감을 정리해 주는 경우도 있다. 바버라 어윈의 남편은 온종일 일을 하느라 피곤했지만 미리 계획을 알려 줌으로써 당황하지 않고 캠프에 참여할 수 있었다. 할아버지는 온종일 손주들과 함께 보낼 수는 없지만 저녁에는 함께 골프를 치거나 고카트를 탔다.

사촌 캠프에서는 십 대 아이들이 어린아이들을 도울 수 있다. 십 대 아이들은 계획을 세우고 게임을 이끌고 요리를 도와주며 어린 사촌에게 나이 많은 '친구'가 될 수 있다. 아이들이 악기를 연주할 수 있다면 가져와서 사촌들과 음악을 공유하도록 격려하라. 만약 어린아이들이 많을 때는 어른들이 돕는 것도 도움이 된다.

작업을 위임하라. 그러면 당신이 계획한 재미있는 활동을 즐길 수 있는 여력이 생긴다. '캠프 주주'에서는 할아버지가 활동 감독, 주주는 정신적 감독, 증조할머니는 주방을 이끌면서 처음부터 페스추리 만들기를 가르친다. 다른 친척 할머니 앤은 모든 공예품을 담당한다.

딱 일주일만 집이 어떻게 보이는지 걱정하지 마라. 아이들은 순식간에 방을 엉망으로 만들 수 있는데, 방을 치우다 보면 함께하는 중요한 순간을 놓칠 수도 있다. 물건이 쌓이면 자기 전 10~15분 정도에 정리하라. 가장 중요한 것은 하찮은 일에 땀을 흘리며 시간을 쓰지 않는 것이다. 그래서 아이들이 도착하기 전에 하찮은 일과 중요한 일을 구분해 두라.

아이들이 위험한 물건을 다룰 수 없게 하라. 만약 당신에게 어린 손주가 있다면 세제와 약품을 치우고 전기 콘센트를 덮고 카펫과 테이블에서 삼키면 질식할 수 있는 위험한 물건을 치워 두라.

몇 가지 지침을 선택하라. '집안 규칙'은 손주들과 즐겁게 한 주를 보내는 데 도움을 준다. 규칙은 집안 사정과 손주들의 나이에 따라 각기 다를 것이다. 한 할머니는 아침 식사로 아이스크림을 먹고 결코 침대를 정리하지 않는 것과 같은 재미있는 규칙을 만들었다. 어떤 이는 부엌에 들어갈 때 다섯 번 깡충깡충 뛰고 거실이 아니라 부엌이나 가족실에서만 식사를 할 수 있게 했다.

어떤 할머니는 다음과 같은 규칙을 만들었다. 집 안에서 달리거나 야단법석을 떨지 마라. 매일 밤 목욕이나 샤워를 해라. 아이스캔디를 먹고 싶을 때는 언제든지 냉동실에서 자신의 아이스캔디를 꺼내서 차고나 밖에서 먹는다. 나이 든 아이들을 규칙을 만들고 포스터 보드에 쓰는 데 참여시킬 수도 있다. 집안 규칙을 만들면 모든 사람이 즐거운 시간을 보내는 데 도움이 된다.

주제를 정하라. 주제가 있으면 집중할 수 있다. 공예 주간, 연극 주간, 음악 연주 주간 등 다양하게 정할 수 있다. 그룹 프로젝트는 사촌들간의 관계를 좋게 할 수 있다! 예술과 공예 외에도 수영, 보트 타기, 낚시 같은 활동을 하거나, 사슴에게 먹이를 줄 수도 있다. 이런 주제는 호수가 있는 곳에서 더욱 멋지게 할 수 있다.

한 살에서 다섯 살 사이의 아이들은 점토 가지고 놀기, 핑거 페인팅(붓 대신에 손가락으로 그림을 그리는 것), 거품 불기, 데크 위 작은 수영장에서 수영하기 등을 포함하는 간단한 활동을 할 수 있다.

페기 파월은 텍사스에 있는 집에서 동물원과 지역 공원으로 외출하는 것으로 사촌 캠프를 시작했다. 손주들은 콜로라도에 모여 암벽 등반을 하고, 파이크스 피크(미국 콜로라도주 중부, 로키 산맥에 있는 산. 높이 4,300m)를 하이킹하며, 트램펄린을 타고, 다이빙 레슨을 함께 한다. 올해 가장 많이 한 활동은 조부모가 10달러를 숨기면 손주들이 그 돈을 찾아 정말 도움이 필요한 사람에게 돈을 기부할 방법에 대해 브레인스토밍을 한 것이다. 우리가 창의적인 계획을 세우면 가능성은 무한하다.

> 나는 사촌들과 매년 할머니 댁에서 한 주 동안 함께 시간을 보내면서 관계가 돈독해지는 것을 좋아했다. 우리는 연극을 하고 서로 장난을 칠 수 있었기 때문에 더 재미있었다. 나는 공연 도중에 터지는 청중의 모든 웃음소리를 특히 즐겼다.
>
> — 위슬리, 15세

사촌 캠프 동안 주제를 정하여 특별한 날을 만들 수 있다. '노란색의 날'에는 노란색 옷을 입고 노란색 음식을 먹고 주변을 산책하며 노란색을 찾아라. '거꾸로 날'에는 옷을 거꾸로 입고 일을 거꾸로 하라. 애국가를 부르며 '애국의 날'을 시작하라. 흰색, 검은색,

할아버지 참여시키기

할아버지가 손주들과 함께할 수 있는 방법은 사촌 캠프 동안뿐만 아니라 다른 때에도 많다. 파월이 이번 여름에 '열렬한 지지자'로 불리며 자기 집에 모인 손주들과 교류한 방법을 확인해 보라.

☆ 할아버지는 일곱 손주와 함께 아름다운 숲의 산길에서 말을 탔다. 할아버지는 할머니가 손녀들과 콜로라도 스프링스(미국 콜로라도주의 도시·온천 휴양지)의 글레 아이리 성에서 차를 마시는 동안 손자 셋과 골프를 치러 간다. 또 손주들이 좋아하는 골프 카트 타기에 모두 데려갔다.

☆ 185㎝의 할아버지가 바닥에 누우면 손주는 측정 테이프를 사용하여 그의 키를 골리앗의 274㎝ 골격과 비교했다.

☆ 할아버지는 이란의 산속에 있는 노아의 방주를 찾기 위해 미국에서 출발한 14명의 원정대에 관한 이야기를 들려주었다. 그런 다음 손주들이 노아의 방주 크기를 측정하기 위해 4개의 끈으로 축구장을 측정하는 걸 감독하였다.

빨간색, 파란색 옷을 입어라. 모두에게 국기를 제공하라. 자전거, 스쿠터, 세발자전거를 장식하고 이웃을 둘러싼 퍼레이드를 펼치라. '레모네이드 가판대의 날'에는 앞마당에 레모네이드 가판대를 설치하라. 당신의 무한한 상상력으로 기발한 날을 정해 보라.

할아버지와 측정 나무 막대

우리 아이들이 어렸을 때 조부모를 방문하기 위해 다른 주로 여행했다. 우리가 도착하자마자 아버지는 손주들을 식료품 저장실 문 몰딩 앞에 세우고 손주들의 키와 이름과 나이를 표시하였다. 손주들은 십대가 되어서도 자신들이 얼마나 성장했는지 보는 것을 좋아했다.

우리는 아이들의 할아버지가 이사할 때 할아버지의 물건을 정리하면서 소중한 가족 기록을 문틀에서 떼어 우리 집으로 가져갔다.

내가 조부모가 된 어느 크리스마스 이후에 긴 나무 막대에 몇 년 동안 손주들의 키를 표시했다. 내 아이들과 손주들은 '가족 키의 역사'가 새겨진 나무 막대를 보며 무척 즐거워했다. 손주들은 지금 자기 자녀의 키를 기록하는 데 그 막대를 사용하고 있다.

— 캐럴 그레이브스

일주일의 음식을 준비하는 데 손주들을 참여시켜라. "처음부터 나는 아이들이 좋아하는 음식 사진으로 음식 스크랩북을 시작했다."라고 데안 스카일스는 말했다. 아이들은 스크랩북을 확인해서 뭔가 다른 음식을 먹고 싶을 때 무엇이 먹고 싶은지 선택해서 그녀에게 보여준다. 최고의 음식 선택의 일부는 다음과 같다. 아침 타코, 시리얼, 샌드위치, 파스타, 피자, 햄버거, 핫도그, 많은 과일, 아이스크림, 크래커, 직접 만든 아이스캔디와 쿠키이다. 그들은 단순하고 창조적인 음식을 먹으려고 노력한다. 물론 땅콩버터와 젤리는 항상 있다. 그녀는 식사를 준비할 때 2명의 손주를 도우미로 배정하고 설거지할 사람을 지정한다. 이러한 임무는 당일 일정 및 특별 활동과 마찬가지로 냉장고에 붙여서 알려 준다. 그들은 일주일에 한두 번 테이크아웃을 주문하거나 식당에 가서 먹고 현장 견학 일정을 조정한다.

사촌 캠프 마감

사촌 캠프 마지막 날 프로그램을 계획하라. 손주들에게 이번 주에 가장 좋았던 활동에 대해 이야기하도록 하라. 손주들에게 연도가 적힌 사촌 캠프 티셔츠를 나눠 주라. 조부모와 사촌들이 함께 찍은 사진을 나눠 가지고, 노래를 부르거나 물건 찾기 게임을 하며 마무리한

매년 사촌 캠프를 위해서

우리 집 낮은 층에 손주들의 기숙사를 고안했다. 손녀들을 위한 분홍색 방, 손자들을 위한 카키색 방, 이층 침대 및 전용 목욕탕이 있다. 나는 손녀들을 위해 아메리칸 걸 인형과 옷을 모았고, 남편은 합판으로 거대한 브리오 기차 테이블을 만들었다. 남편은 매년 손주들이 엄격한 감독하에 차고에서 작업할 수 있는 나무 프로젝트를 계획한다. 사랑의 추억은 탁구와 농구하기, 백조와 거위를 관찰하기 위해 연못 산책하기, 이웃 수영장에서 매일 수영하기, 야구 게임과 박물관 여행 하기, 팝콘을 먹으며 가족 영화 보기 등 많은 웃음과 포옹으로 평생 지속된다.

비록 손주들이 내가 원하는 만큼 가까이 살지는 않지만 나는 여전히 손주들의 삶 속에 살아 있으며 손주들의 사랑을 깊이 느끼고 있다.

— 수 펑케이

다.

일리노이에 사는 메리 조 할머니는 손주들에게 할아버지가 만든 나무 액자를 장식하게 한다. 아이들은 나무 액자에 페인트를 칠하고 캠프 이름을 써넣는다. 그리고 조부모와 함께 찍은 사진을 넣은 특별한 나무 액자 선물을 집으로 가져간다.

손주들이 사촌 캠프 기간에 찍은 사진으로 사진첩을 만들어 기념하도록 하라. 사진첩은 손주들이 전국 곳곳에서 추억을 가까이 간직할 수 있도록 도와준다.

사촌 캠프를 계획하고 실행하는 조부모들은 모든 활동을 완벽하고 정확하게 해내야겠다고 생각하기보다는 손주에게 초점을 맞추는 것이 중요하다는 것을 알아야 한다. 손주들 한 명 한 명과 개별적으로 시간을 보내라. 사촌 캠프 셔츠 만들기와 같은 전통을 세우라. 그리고 손주들에게 집에 가기 전에 사촌 캠프 기간에 즐거웠던 일을 생각할 시간을 갖도록 하라. 이것은 손주들이 특별한 시간을 추억 속에 간직하고 앞으로 있을 일들을 기대하게 한다.

어린 손주들

당신의 손주가 사촌 캠프를 하기에 너무 어리다면 '사촌의 날'을 계획할 수 있다. 위스콘신주 메퀸에 사는 캐시 브루스와 짐은 매년 손주 넷을 데리고 산타를 보러 간다. 그들은 손주들과 함께 저녁 식사를 하고 산타와 사진을 찍은 다음 집에 데려다준다. 모두 즐겁게 지내고 전통을 이어 가기를 기대한다.

손주들이 당신과 함께한 시간이 많으냐, 무엇을 하느냐가 중요한 것이 아니라, 사촌들과 조부모와 함께하는 즐거움과 서로 마음을 터놓고 소통하는 것이 훨씬 더 중요하다.

6
손주와 함께 여행하기

조부모 되는 것이 이렇게 재미있을 줄 알았다면
나는 먼저 조부모가 되었을 것이다.

— 무명씨

린다 칼슨은 손주가 열넷이나 된다. 여러 사정으로 4개 주에 흩어져 살다 보니 만나기가 여간 어렵지 않았다. 더구나 이혼과 재혼으로 인한 복잡한 법적 문제로, 살고 있는 주 바깥으로 여행이 제한된 손주가 둘이나 되었다. 린다는 세월이 흐르면서 손주들이 서로를 기억조차 하지 못할까 봐 걱정했다. 그래서 모든 손주를 한자리에 모아서 비행기 타는 경험을 하게 하면 얼마나 멋질까 생각했다.

   린다는 "당신이 만약 꿈을 꾼다면 큰 꿈을 가져라."라는 노래 가사에서 영감을 받았다. 린다는 곧 아칸소주에 있는 온천을 목적지로 선택했다. 그리고 항공권 가격을 확인한 뒤 손주들과 함께 가기 위한 꿈을 위해 적금을 들었다. 그런데 9·11테러 사건이 일어나고 보안이 엄격해졌다. 린다는 손주들을 비행기에 태울 위험을 감수해야 할지 고민했다. 다행히도 항공 요금이 엄청 저렴해졌다.

일정이 온천 레이싱 시즌 뒤였기 때문에 해밀턴호 근처에 숙소를 예약할 수 있었다. 오래되었지만 관리가 잘되고 가격도 괜찮은 객실이었다. 마침내 그날이 왔다.

린다와 손주 셋은 멤피스로 날아가서 인디애나폴리스에서 날아온 두 사람을 만났다. 다섯 손주가 플로리다주 탬파에서 날아왔다. 그들이 리틀록을 향한 비행기에 탑승한 후 30분 지연됐다는 발표가 있었다. 승무원은 아이들이 두 명씩 조종석에 들어와서 조종사를 만날 수 있도록 하였다. 린다는 인터폰을 통해 "안녕하세요, 할머니!"라고 말하는 일곱 살짜리 로라의 예쁜 목소리를 들었다.

린다의 여동생이 SUV 차와 빌린 밴을 가지고 리틀록 공항까지 마중 나왔다. 근처에 사는 손주 둘은 부모가

> 손주는 달러와 센트로 계산할 수 없을 만큼 소중한 보물이다.
>
> — 앤드루 슈린스

운전해서 데려왔다. 다른 손주들은 '부모 없이 그냥 할머니와 함께'하는 여행이 멋지다고 생각했다.

모두 주말 모임의 즐거움을 만끽했다. 산 탑과 길파 협곡 캠핑장의 개울을 둘러보고 산책을 하면서 흐드러지게 핀 진달래와 층층나

무를 구경하고 빙고 게임을 하고 호수에서 수영과 낚시를 했다. 다섯 살부터 열두 살까지, 열둘이나 되는 손주들은 거의 모든 일정을 '오직 할머니와 함께' 했다. 과학 박물관에서 직접 실험도 해 보았다. 손주들은 좋아하는 여름 음식을 먹으며 피크닉을 즐거워했다.

다른 손주들을 위한 다양한 여행

'함께하기'는 함께 여행하는 것이 전부이다. 가족이 전국에 흩어져 살더라도 손주들과 함께 여행을 시작하며 특별한 유대감을 만들 수 있다. 집을 떠나서 새로운 지역을 둘러보고 외식을 하고 캠프파이어를 하며 친밀한 관계를 구축할 수 있는 좋은 기회가 된다.

어쩌면 공예나 음식 만들기를 통해 손주와 함께하는 것은 당신의 스타일이 아닐 수도 있다. 그렇다면 여행하면서 로키산맥에서 하이킹을 하거나, 강에서 카누를 타거나, 쇼핑을 하고 싶어 하는 손주들과 멋진 호텔에서 며칠 밤을 보내는 데 집중하는 것이 좋다.

많은 조부모가 손주들을 휴가에 데려간다. 여행사는 세대 간 여행이 가장 인기 있는 트렌드라고 말한다. 1~2주간 십 대 손주들과 함께 떠나는 여행이 벅차게 생각될 수도 있다. 그런데 의외로 부담 없이 이런 여행을 하는 조부모가 많다. 나는 그들에게서 손주를 위한 창의적인 여행 준비에 대해 많은 것을 배웠다. 조부모가 '여행'으로 손주와 함께하는 다양한 방법을 살펴보자.

손주와 함께하는 여행 증언

텍사스에 사는 스트릭랜드 부부는 손주가 열두 살이 되는 해에 특별한 여행을 떠난다. 첫 번째 손녀가 작년 4월에 그 주인공이 되었다. 그들은 칸쿤(멕시코의 휴양지)으로 떠나서 1주일간 스노클링, 집 라인, 돌고래와 함께 수영하고 승마를 할 수 있는 호텔에 묵었다. 얼마나 모험심이 강한 조부모인가! 프랜시스는 '여자만의 시간'과 호텔 살롱에서의 매니큐어로 손녀를 놀라게 했다.

매년 여름 오클라호마시티에 사는 오헤어 가족은 그들의 장성한 자녀들과 배우자, 모든 손주와 함께 콜로라도의 혼 크릭에 있는 가족 목장으로 간다. 그곳에서 조부모는 손주들과 개별적인 시간을 보낼 수 있다. 주변 지역을 탐험하며 아이와 어른이 함께 많은 시간을 보냈다. 혼 크릭에서 여는 이벤트의 장점은 무엇인가? 캠프에서 식사를 모두 도맡은 것이다.

뉴멕시코의 산타페에 사는 팸 에겐은 손주가 다섯인데 그중에 셋이 십 대이다. 팸은 손주들이 십 대이거나 열 살이 되면 그들이 가고 싶어 하는 곳은 세상의 어느 곳이든지 데리고 간다. 열 살 미만은 해외여행에 제약이 많기 때문이다. 나는 '어느 곳이든지' 여행 이야기를 듣고 '얼마나 운이 좋은 손주들인가!'라고 생각했다.

한 손주가 할머니에게 런던과 파리에 가자고 했고 할머니는 승낙했다. 할머니의 비밀은 여행하면서 여러 가지 일을 젊은 여행 동반자에게 맡기는 것이다. 팸은 "그렇게 하면 손주들은 더 많이 배우고 매우 성장했다고 느낀다."라고 말한다. 또 다른 이점은 그들이 방문하는 도시를 실제로 알게 된다는 것이다. 예를 들면, 손주는 파리와 런던 여행에서 택시 타는 돈과 스낵 사는 돈을 관리했다. 손주는 모든 지도를 읽고 택시 기사에게 목적지를 말하고 팁을 계산했다. 또한 메뉴를 읽고 주문을 했다. 심지어 몇 시에 일어나고, 몇 시에 먹고, 매일 무엇을 입고, 무엇을 사진 찍을 것인지 등 모든 걸 결정해야 했다.

어떤 할아버지는 자신의 형제가 델타 항공에 근무해서 무료 티켓을 얻을 수 있었다. 할아버지의 십 대 손주는 할아버지와 2주간

> ## 조부모와 함께한 여름 여행
>
> 조부모와 함께 떠난 여름 여행은 나에게 노인 세대와 함께 시간을 보내면서 서로 다른 관점과 경험을 하게 하였다. 나는 조부모가 어떻게 살아왔는지 자세히 볼 수 있었다. 나는 내가 사랑하고 존경하는 사람과 나란히 낚시를 즐겼다. 나는 할아버지를 닮고 싶었고, 조부모님이 하늘 나라로 가신 후에도 오랫동안 기억에 남을 추억을 소중히 여긴다.
>
> — 조지, 40세

을 함께 보내기 위해 매년 비행기를 탔다. 손주들은 자라는 동안에 대부분 외국에 있었지만 2주간 할아버지와 함께 보내면서 관광, 기차 타기, 박물관, 기념물 및 유적지를 둘러보고 현지 음식과 시장 구경을 함께 즐겼다. 이런 여행은 손주들에게 십 대 시절 결코 잊을 수 없는 조부모와의 유대감을 형성하는 경험이 되었다.

콜로라도에 사는 스탠리스는 손주가 여덟 살이 되면 데리고 다니며 개인적인 여행을 한다. 여행은 목적지에 따라 이틀에서 사흘간 지속된다. 열한 명이나 되는 손주들은 모두 특별하므로 손주들 각각이 흥미로울만한 여행을 찾으려고 애쓴다. 아이들은 1년 전부터 여행 계획을 짜면서 서로 이야기한다. 장소가 결정되면 조부모가 놀라운 일을 추가한다. 여행을 앞둔 크리스마스 날 조부모는 작은 선물 안에 힌트를 넣어서 손주가 특별한 여행을 어디로 가게 될지 추측할 수 있도록 한다. 이런 방식으로 목적지를 공개하는 것은 성공적이었다.

한 손녀는 시카고에 가고 싶어 했다. 그들은 하루를 호텔에서 묵었는데, 이틀 동안 아주 재미있게 보냈다. 조부모는 손녀를 수족관, 해군 부두, 열대 우림 카페로 데려갔다. 그들은 대관람차를 타고, 음악 공연을 보고, 카페에 가 점심 식사를 하고, 길을 따라가면서 멋진 대화를 나누었다.

한 손녀는 버지니아주의 윌리엄스버그(미국 버지니아주 동남부에 있는 도시, 현재 독립 이전의 옛날 모습으로 복원)를 선택했다. 손녀는 모든 역사 관광, 주지사 저택 뒤의 미로를 좋아했고, 특히 오래된 떡갈나무 아래에서 먹는 수제 생강빵 쿠키와 레모네이드를 좋아했다.

손자 매슈는 여덟 살 때 목장에 가고 싶어 했다. 매슈의 할아버지는 목장을 찾아서 손주와 이틀 반 동안 함께 말을 타고, 등산을 하고, 스키트 사격을 했다. 다른 손주는 러시모어산에 가는 것을 선택했다. 그 손주는 여행의 모든 것을 좋아했다. 주립 공원에서 캠핑하기, 파충류 박물관 가기, 주니어 산림 감시대원 인정받기, 거대한 미끄럼틀 타기이다. 러시모어산을 떠나기 전에 매슈는 워싱턴, 제퍼슨, 링컨, 루스벨트의 거대한 얼굴상이 새겨져 있는 산을 '한 번만 더' 앉아서 보고 싶어 했다. 매슈에게는 그만큼 의미가 있었다.

스탠리스는 손녀 둘을 프린스 에드워드섬(캐나다의 세인트로렌스만에 있는 섬)으로 데려갔다. 아이들은 여행을 떠나기 전에 《빨강 머리 앤》을 읽었다. 그들은 앤의 삶을 떠올려 보면서 에이번리풍으로 옷을 차려입고 나무딸기 주스를 마시며 에이번리의 생활과 앤, 다이애나, 프리시를 마음으로 받아들였다.

나는 손주와 동행하는 휴가를 계획할 때 조부모가 얼마나 창의적일 수 있는지에 깊은 인상을 받았다.

비벌리와 조지 핸슨은 매년 플로리다 휴가에 손주를 한 명만 초대한다. 그러면 해결해야 할 손주들 간의 갈등이 없다. 손주를 개별적으로 데려가면 일대일 시간을 가질 수 있다. 세 사람은 함께 플로리다로 운전하여 갈 수 있는 충분한 시간을 확보한다. 그들은 큰 비용이 드는 활동은 하지 않는다. 손주는 친척을 만나고 증조할 아버지가 태어난 코르테스로 가서 어린이 박물관을 관람하고 멕시코만의 해변에서 놀았다. 2주 후에 앤의 남편은 손주와 함께 집으로 돌아간다. 할아버지는 몇 주 동안 사업을 돌본 다음 다른 손주와 함께 다시 플로리다로 돌아온다. 2주 후에 세 사람은 함께 집으로 돌아간다. 핸슨 부부는 손주와 함께하는 특별한 시간을 좋아한다. 그들은 손주가 조부모를 더 잘 알게 됨으로써 긍정적인 영향을 받기를 기대한다.

요즘은 국립 공원에도 여러 유용한 시설이 많다. 그런 곳을 이용하면 큰 비용을 들이지 않고도 즐겁고 신나는 휴가를 보낼 수 있을 것이다. 다만, 부담 없는 마음으로 계획을 잘 짜야 한다.

손주와의 여행 준비

모험심이 강한 조부모는 계획을 잘 세우는 것이 여행의 성공에 매우 중요하다는 것을 알 것이다. 다음과 같은 사항에 대해 생각해 보자.

당신과 손주가 모두 즐길 수 있는 활동을 알아보라.

손주의 관심사를 확인하라. 아이의 관심사를 염두에 두라. 물을 두려워하는 아이는 해변에서 즐겁게 지내지 못할 수도 있다. 그러나 같은 아이라도 말을 타는 것을 좋아한다면 관광용 목장을 좋아할 수도 있다.

목적지를 결정하였다면 당신이 좋아하는 것과 손주들이 선택한 것 사이에 균형을 맞추라. 계획을 세우는 데 손주가 당신을 돕도록 하라. 이런 일은 십 대 이전과 청소년에게 특히 중요하다. 손주들에게 일상 활동을 선택하도록 격려하라. 그러면 여행에 대해 주인의식을 갖고 계속 참여하게 된다.

당신이 계획한 교통, 숙박 및 활동에 대한 예산을 확보하라. 아이들에게 필요한 일일 지출 비용을 포함하는 것을 잊지 마라. 손주들에게 기념품이나 사탕을 한꺼번에 주지 말고 매일 조금씩 주면 더 행복한 여행자가 될 것이다.

당신의 에너지 수준과 손주의 한계를 직시하라. 당신은 낮잠을 자고 싶은데 아이들은 계속 왔다 갔다 하는 에너자이저 토끼와 같다. 당신의 손주가 해군 선박의 세 시간짜리 역사 투어에서 계속

주의를 기울일 수 있을까? 손주가 밤에 부모없이 잠들어도 악몽에 시달리지 않을 정도로 충분히 나이들었는가?

의심스러운 경우에는 먼저 집에서 하룻밤 자고, 짧은 주말 나들이를 하루 시도하라. 계획을 세울 때는 당신의 아이디어, 아이의 성숙도, 여행의 다양한 부분에 대하여 아이 부모와 함께 이야기를 나누어라. 손주의 부모와 자주 상담하라. 손주의 부모가 아이들에 대하여 가장 잘 알고 있다.

나는 5, 6, 7세 손자와 함께 오클라호마시티부터 텍사스에 있는 포트워스까지 가는 하트랜드 플라이어의 암트랙 열차를 타고 싶었다. 아이들에게는 '카우보이 타운'으로 잘 알려진 포트워스 가축 사육장에서 하루를 즐길 수 있을 것이다. 이것은 우리 여행 모험의 좋은 시작이 될 것이다.

손주에게 가려는 곳에 관한 책과 지도를 미리 보여 주어 관심을 불러일으켜라. 당신의 서재에서 목적지에 대한 책이나 비디오를 확인하라. 손주와 멀리 떨어져 산다면 그곳의 사진을 이메일이나 우편을 통해 공유하거나 여행 책자를 보내 주라.

호텔, 레스토랑, 박물관과 같은 공공장소에서 지킬 에티켓을 손주들과 공유하라.

손주들과 여행할 때는 나중에 미안해하는 것보다 안전이 우선되는 지침이다. 손주들이 다치지 않고 아프지 않기를 바란다면 미리 대비해야 한다. 항생제 연고, 반창고, 소화제, 해열·진통제, 벌레 물린 데 바르는 약, 선크림, 아이가 챙겨 먹는 약 등 꼭 필요한

바다로, 바다로

만약 당신이 바다에 간다면 해변 보물찾기를 하라. 과학과 해양학에 대한 손주의 욕구를 파악하고 관찰 능력을 키워 줄 수 있는 좋은 방법이다. 무엇보다도 함께 즐겁게 지낼 멋진 방법이다.

다음과 같은 찾기 팁을 시도해 보라.

☆ 가족 중에서 노인은 젊은 사람과 짝을 지어 주어라.

☆ 아이들이 최대한 많은 바다 동물을 찾겠다는 도전 의식을 갖도록 바다 동물 목록을 나눠 주라.

☆ 장화나 워터 샌들을 신어라.

☆ 바다 생물을 찾을 수 있는 가장 좋은 시간은 썰물 때이다.

☆ 글을 못 읽는 손주를 위해 그림이나 사진을 보여 주고 소라게, 따개비, 여러 가지 조개, 바다 잔디, 피들러 게, 성게, 불가사리, 바닷가재, 달팽이를 찾을 수 있도록 알려 주어라.

☆ 모래 속에 '황금 보물(반짝이는 동전)'을 숨긴 뒤 찾게 하라.

응급 처치 키트를 만들어라. 아이의 부모에게 예약 현황과 여행 일정표 사본을 주어라. 만약 아이를 잃어버리면 어떻게 행동해야 할지에 대한 계획을 세워라. 하지만 그런 일은 절대로 일어나서는 안 된다!

손주와 함께 여행할 때 좋은 정보

손주에게는 일주일이든 하루든 시간에 관계없이 조부모와 함께 떠나는 즐거운 여행은 특별한 추억이 될 수 있다. 다음 세부 사항에 주의를 기울이면 여행이 더 즐거워진다.

서두르지 마라. 손주가 조부모와의 여행을 좋아하는 이유 중 하나는 할머니, 할아버지는 부모처럼 서두르지 않기 때문이다. 손녀가 그네를 뛰고 싶어 하면 그렇게 하도록 하라. 여유 시간 없이 빡빡한 일정으로 몰아붙이는 것을 피하라. 아이들은 1년 내내 그렇게 산다. 일정이 빡빡하면 휴가처럼 느껴지지 않을 것이다! 잠시 걸음을 멈추고 돌담을 기어오르는 거미를 살펴보게 하라. 뜻밖의 발견을 통해 기쁨을 느끼는 순간을 경험하게 하라. 일정을 간단하게 짜고 한도 이상으로 예약하지 마라. 당신과 손주가 즐길 수 있을 정도의 속도로 일정을 짜면 좋은 추억을 만들 수 있을 것이다.

여행을 나이에 맞게 계획하라. 낸시는 손녀들이 네 살이 되자 한 사람씩 따로따로 소녀 인형 박물관에 하루 나들이로 데려갔다. 확실히, 그곳은 어린 소녀들이 매우 좋아하는 장소이다! 손녀들은 아담한 식당에서 티타임을 즐기고 자신의 생일 선물을 골랐다. 집으로 돌아오면서 음악을 듣고 할머니와 일대일로 시간을 보냈다. 손녀들은 일곱 살이 되면 인형 쇼를 보러 갈 것이다.

할아버지는 낸시의 첫손자가 네 살이 되면 레고 상점과 허쉬(초콜릿 상품명) 공장에 데려갈 여행 계획을 세웠다. 돌아오는 길에 어쩌면 스포츠용품점과 오토바이 매장을 살펴볼 것이다.

아이들은 자라면서 일주일간 집을 떠나 주말여행을 하게 된다. 손주들은 각각 개성이 있고, 성숙도도 다를 것이다. 열아홉 살이 되어도 부모와 떨어져 밤을 보내지 못하는 경우도 있다. 당신이 손주를 일주일간 여행에 데려갈 계획을 세웠다면 사전 점검을 해라! 긴 여행을 떠나기 몇 달 전부터 동물원이나 아이들이 좋아하는 곳으로 당일 여행을 다녀 보라. 짧은 여행을 통하여 손주들이 어떤 종류의 활동을 좋아하는지를 알아낼 수 있다.

여행에 손주를 여럿 데려간다면 색깔이 같은 티셔츠나 야구 모자를 착용하도록 하라. "오늘은 노란색! 오늘은 모두 노란색을 입어라!"라고 발표하라. 군중 속에서 손주들을 찾을 때 굉장히 도움이 된다.

손주들과 공공장소로 여행을 갈 때는 주머니가 많은 옷을 입어라. 페기는 손주를 여럿 데리고 여행을 갈 때 이런 옷이 손가방을 들고 다니는 것보다 편하다고 말한다. 여행할 때는 두 손이 자유로워야 한다는 걸 알게 될 것이다. 페기는 놀이공원, 공공 공원처럼 사람이 많은 곳에서는 아이들이 할머니의 휴대전화 번호를 알고 있어야 한다는 것을 배웠다. 마스킹 테이프에 전화번호를 써서 셔츠 안쪽 단에 붙여 놓는다. 비상시에 손주가 당신의 전화번호를 경비원이나 공원 관리원에게 쉽게 알려 줄 수 있다.

> ### 팬케이크
>
> 우리는 손자 존이 세 살 때 크리스마스 휴가를 손자 가족과 함께 멕시코로 갔다. 우리는 매일 아침 멋진 조식 뷔페가 나오는 장소에 묵었다. 존은 아직 잘 먹지 못하는 시기였다. 어느 날 아침 남편은 존이 먹을 수 있을지 알아보기 위해 아주 맛있는 헤이즐넛 초콜릿이 뿌려진 부드러운 팬케이크를 가져왔다. 존은 처음에는 머뭇거리더니 팬케이크를 한 입 베어 먹고는 눈을 감고 하늘을 우러러보며 말했다.
> "오, 할아버지, 나는 이 팬케이크를 평생 꿈꿔 왔어!"
>
> — 제인 로빈슨

손주가 좋아하는 여행용 간식을 챙겨라. 때로는 식사 시간에 이동할 때가 있다. 그럴 때는 움직이면서라도 끼니를 때워야 즐거운 여행이 될 수 있다. 간편하게 먹을 수 있는 것을 준비해 둔다. 아이들의 부모에게 어떤 간식을 좋아하는지 물어보라.

손주가 자기 배낭에 좋아하는 것들을 담아 가지고 다니게 하라. 이런 익숙한 물건은 여행에 확실히 도움이 될 것이다.

아이들과 여행을 하다 보면 아무리 잘 준비하더라도 예기치 않은 일이 발생한다는 것을 기억하라. 멀미, 교통 체증, 비, 나쁜 기분, 수화물 분실 등과 같은 일 때문에 일정에 문제가 생길 수 있다. 그럴 땐 '플랜 B'를 실행할 여유를 지니면 된다. 아이들에게는 좋아하는 간식이 도움을 줄 것이다. 어쩌면 계획하지 않았던 행복한 추억을 만들 수도 있다.

인생을 함께하는 여행

한번은 졸업 선물로 영국과 스코틀랜드에서 7일간 버스 투어를 즐긴 할머니와 손녀를 만났다. 할머니는 재력 있는 여성이 아니었다. 손녀를 특별한 여행에 데려가기 위해 여러 달 동안 저축했다. 그들은 셰익스피어 집을 둘러보고, 에든버러의 한 모퉁이에서 '놀라운 은총'을 연주하는 진짜 백파이프를 보았던 경험에 관해 이야기하며 눈을 빛냈다. 나는 이런 경험을 함께 나누는 것은 가치가 크다고 느꼈다.

손주를 추억 만들기 여행에 데려가는 건 부자만 할 수 있는 일이 아니다. 집에서 80㎞ 떨어진 호숫가 집에 가거나 조부모 댁 뒤뜰에서 즐거운 시간을 보낸 손주들과 이야기를 나눴다. 할머니와의 첫 번째 호텔 경험을 좋아하는 어린 소녀의 기쁨에 감동했다. 소녀는 특히 수영장과 멋진 레스토랑을 즐겼다.

계획과 목적지는 그다지 중요하지 않다. 할머니 할아버지가 손주의 삶에 관여할 수 있을 정도로 세심히 돌보고 서로를 더 잘 알아 갈 수 있도록 충분한 시간을 갖는 것이 더 중요하다. 한 할머니는 손주와 함께 떠날 모험 여행을 위해 돈을 따로 빼놓는다. 어떤

아이들과 여행 갈 때 가져가면 좋은 물건

☆ 야간 등

☆ 구급상자

☆ 항균 핸드젤 작은 병

☆ 자외선 차단제

☆ 지퍼백

☆ 카메라와 손주를 위한 일회용 카메라

☆ 개인별 모자 또는 얼굴 가리개

☆ 운동 후 휴식 시간을 위한 프리스비(던지기를 하고 놀 때 쓰는 플라스틱 원반) 또는 작은 발포 고무 축구공(특히, 당신이 차로 여행하는 경우)

☆ 카드와 게임 도구

☆ 종이와 색연필

이는 특별한 나들이 또는 하룻밤을 위해 매달 수입의 일부를 저축한다. 우리는 비수기에 여행을 가거나, 노인 할인을 이용하거나, 여행 경비 웹 사이트를 조사하여 돈을 절약할 수 있다. 여행에는 계획, 노력, 자금이 필요하지만 손주들과 맺는 유대감과 '길에서' 만드는 추억은 손주들 인생에 하는 큰 투자이다.

7

당신과 손주의 집 방문하기

당신은 언제 추억을 만들게 될지

결코 알지 못한다.

— 리키 리 존스

캐럴의 부엌 전자레인지 위에 놓여 있는 하트 모양의 빨간색 벨벳 상자에는 특별한 보물이 들어 있다. 이 상자는 원래 사탕이 담긴 밸런타인데이 선물 상자였는데, 지금은 수년 동안 단추 상자로 쓰인다.

어느 날 캐럴은 손녀와 함께 갖가지 단추를 보면 재미있겠다고 생각했다. 그들은 크기, 색상, 모양별로 단추를 분류하는 흥미로운 방법을 발견했다. 그들은 어떤 색상이 가장 많고 어떤 색상이 가장 적은지 알아냈다. 캐럴이 단추의 특징을 설명하면 손녀들이 찾는 '단추 찾기' 놀이도 했다. 손녀들은 자기가 좋아하는 진주색,

은색, 금색 단추를 찾고 누가 그런 화려한 옷을 입을지 상상하기를 좋아한다. 캐럴은 손녀가 단추로 가득 찬 벨벳 하트 상자를 볼 때 할머니와 함께했던 시간을 항상 기억하기를 바란다.

조부모 집을 방문하는 손주들을 즐겁게 하는 데 많은 돈을 쓰지 않아도 된다. 보드게임과 카드놀이를 하고, 동네 도서관에 데려가서 함께 읽을 책을 빌리고, 쿠키를 만들 수 있다. 가끔 뒷마당에서 공놀이를 하고 어린이 박물관을 방문한다. 무엇보다도 손주들이 긴장을 풀고 느긋하게 쉬게 할 수 있다. 요즘 부모들은 아이들을 여유로운 생활을 할 수 없을 만큼 바쁜 생활로 이끈다. 그래서 아이들은 매우 바쁘게 산다.

손주와 개인적인 시간 보내기

손주들과 함께하는 열쇠 중 하나는 손주의 집이나 우리 집을 방문하는 동안 일대일로 시간을 보낼 수 있는 방법을 찾는 것이다. 1년에 한두 번 방문하더라도 괜찮다. 내 친구는 1년에 한 번 하는 당일 나들이에 손자와 그의 친한 친구 두 명을 데려간다. 친구는 소방서나 군대 박물관과 같이 아이들이 관심을 가질 만한 장소를 둘러본다. 그런 다음 특별한 식사를 하며 밤을 보낸다. 친구는 이런 방법으로 손자와 손자 친구들을 더 잘 알게 된다.

나는 아들 내외가 어린 두 딸과 함께 사는 밀워키를 방문하면 여섯 살짜리 조세핀과 둘이 데니스(미국에 있는 체인 식당)에서 아침 식사를 하는 전통을 세웠다. 우리가 처음 그곳에 갔을 때 조세핀은 길가에 있는 광고판을 보고 대단한 레스토랑이라고 생각했다. 그곳은 '우리의 장소'가 되었다. 이번 나들이는 딸기를 높이 쌓아

> 우리와 함께 머물고 있는 동안 세 살짜리 손녀 소피가 눈썹 위를 꿰매기 위해 병원에 가야 했다. 간호사는 소피에게 자기 손가락을 눈으로 따라오라고 했다. 소피는 손가락에 흥미를 보이지 않았다. 그러자 간호사가 "소피, 내 손가락이 어디 있지?"라고 물었다. 소피는 "장갑 속에!"라고 자랑스럽게 대답했다.
>
> ― 캐시 브루스

올린 팬케이크로 성공을 거두었다. 나는 조세핀과 따로 시간을 보내면서 조세핀이 학교에서 무얼 가장 좋아하는지, 어떻게 수영 강습을 좋아하게 되었는지를 알 수 있었다. 나는 조세핀의 여동생 루시도 아침 식사 나들이에 함께 데려갈 수 있기를 고대한다.

어떤 할머니는 열한 살짜리 손녀 애슐린을 만나기 위해 캘리포니아로 여행을 올 때마다 '스타벅스 나들이'를 한다. 스타벅스에서 애슐린은 디카페인 카푸치노와 페스추리를 주문한다. 그리고는 마치 다 큰 소녀처럼 걸어서 자리에 앉는다. 할머니는 애슐린이 스타벅스 점원과 하는 말에 모든 주의를 집중한다. 비록 짧은 순간의

단순한 활동이지만 두 사람은 즐거움을 만끽한다.

손주와 일대일로 시간을 보낼 때 손주가 만족하도록 신경 써야 한다. 손주는 할머니 또는 할아버지와 개별적으로 보내는 시간을 통해 자신이 특별한 존재라고 느낀다. 다른 손주들이 소외감을 갖지 않도록 똑같이 함께하는 시간을 갖는다. 시간의 길이는 문제 되지 않는다. 짧은 외출을 하거나 함께 산책을 해도 관계가 형성된다. 놀이터에 가서 아이스크림을 사 먹고, 어린이 박물관에 가서 점심을 함께 먹어라. 가장 중요한 것은 손주에게 특별한 주의를 기울이는 것이다. 바로 손주들의 말을 경청하는 것 말이다.

경청의 가치

손주들과 함께 있을 때, 이메일을 확인하거나 집 안을 정리하거나, 식사를 준비하거나, 전화 통화를 하는 데 정신이 팔리기 쉽다. 이런 점을 주의해야 한다.

우리는 손주의 말을 잘 들음으로써 정서적인 소통을 잘 할 수 있고, 손주들에 대해 배울 수 있다. 이것은 조부모가 손주들에게 줄 수 있는 최고의 선물이며 최고의 관계 형성자가 되는 지름길이다. 젊은 사람들은 자기 말을 들어 주는 사람을 간절히 원한다. 손주들은 자신을 받아들이고, 이해하고, 가치 있게 여겨 주기를 원한다. 경청은 이 세 가지 요구 사항을 모두 채워 준다. 경청은 서로 소통하고 친밀한 관계를 구축할 수 있는 가장 중요한 방법이다. 경청에 관한 기술을 향상하려면 다음 제안을 참고하라.

손주가 말하거나 주의를 요구할 때, 눈을 마주치고 손주의 말, 감정 및 신체 언어에 주의를 기울이라. 아무리 유익한 조언이라도 경청만 못하다. 효과적인 듣기는 훨씬 더 긴밀한 관계를 형성한다. 경청은 조부모가 손주를 향한 사랑과 지원을 보여 주는 가장 좋은 방법이다.

작게 시작하라. 처음부터 한 시간을 목표로 삼지 말고 5~10분 정도를 목표로 삼아라. 함께 산책이나 드라이브를 하거나, 경치 좋은 곳을 들르거나, 겨울이라면 핫초코를 같이 먹으면서 대화를 늘려 나가라.

민감한 주제에 관해 이야기할 수 있도록 배려하라. 손주들, 특히 청소년과 함께 이야기하면서 과잉 반응을 하면 아이들은 입을 다무는 경향이 있다.

캐묻지 말고 손주들이 왜 그렇게 생각하는지 이해하도록 개방형으로 질문하라. 폐쇄형 질문은 '예' 또는 '아니요'로 대답하고 대화의 문을 닫을 수 있다. 개방형 질문은 "어떤 일이 일어났니?" 또는 "너는 그것에 대해 어떻게 느끼니?"와 같이 생각과 의사소통을 장려하고 옳고 그른 대답을 요구하지 않는다. 예를 들어 "지금 할수 없는 일은 무엇이라고 생각하니?"와 같은 창조적인 질문으로 대화를 자극할 수도 있다. 손주가 말하고 싶어 하지 않으면 강요하지 않는 것이 좋다.

적극적인 듣기 연습을 해라. 적극적인 듣기는 손주의 입에서 나온 단어를 평가하지 않는다. 만약 손주가 팀에서 선택되지 않은 일로 화를 내면 "애야, 너는 그렇게 느껴서는 안 된다.", 또는 "그렇게 나쁘지는 않아. 너는 극복할 거야."라고 말하는 것을 피하라. 그 대신에, "네가 팀에 뽑히지 않아서 화가 나고 상처받은 것 같은데 충분히 이해할 수 있어!"라고 말함으로써 효과적으로 듣는 연습을 하라. 손주에게 문제에 대한 해결책을 제시하기 전에 진심으로 손주의 이야기를 듣고 있다는 것을 알게 해라.

> 나는 손자가 어른 음식을 먹기 시작하자마자 규칙을 하나 정했다. 나는 도시 외곽에 살았는데, 손자가 도착하자 바로 팬케이크 전문점에 데려가 팬케이크를 사 주었다. 우리는 함께 음식을 먹으면서 이야기했다. 그리고 동물원에 가거나 영화를 보면서 2시간에서 4시간 동안 오롯이 둘만 함께 보냈다. 손주는 할머니와 함께 보내는 특별한 시간을 일 년 내내 기대한다.
> — 바버라 웨이드

도덕적인 말, 비판적인 말, 또는 "우리는 옛날에 그렇게 하지 않았다."라는 말을 피하라. 이런 말은 의사소통을 막는다. 또한 주제에서 벗어나게 되고 아이가 이야기하는 것을 방해한다.

손주들의 부모를 비판하거나 부모의 결정에 동의하지 않는 것을 피하라. 방문 목적이 손주들에게 있더라도 당신의 아들, 딸 또는 며느리, 사위도 관심을 받고 이야기를 들어 주는 시간을 좋아할 수 있음을 기억하라. 그들이 부모로서 얼마나 훌륭한 일을 하고 있는지 인정하는 것은 조화로운 가족 관계를 만드는 데 도움이 된다.

조부모는 힘든 시기의 생명줄

손주들이 어려움을 겪고 있을 때 보살피며 잘 들어 주면 엄청난 변화를 만들 수 있다. 예를 들어, 영국에 살며 4개월과 20개월 된 두 손자를 둔 수전 더글러스를 보라. 손자의 친할머니는 2년 전 56세의 나이로 비극적으로 생을 마쳤다. 그래서 친할머니는 큰 손주 제임스만 알았다. 수전은 "그녀는 제임스의 '친할머니'였고 나는 제임스의 '외할머니'였다."고 나에게 말했다. 제임스는 친할머니 집에서 많은 시간을 보냈고 그들은 서로 많이 사랑했다. 제임스는 어렸을 때부터 친할머니에 대해 이야기하는 걸 좋아했다.

수전은 주제를 바꾸거나 손자가 슬퍼하지 않고 놀 수 있게 주의를 분산시켜야 한다고 생각하는 대신에 제임스가 주도하도록 했다. 수전은 제임스가 원할 때 친할머니에 대한 소중한 순간을 추억하도록 도왔다. 둘이 함께 책을 읽을 때, 한 장면을 보며 제임스가 친할머니에 대해 수다를 떨 때도 있다. 제임스가 친할머니의 미소를 볼 수 있도록 친할머니의 사진을 함께 보았다. 이것은 결코 이상한 일이 아니다. 제임스에게는 아주 특별한 따뜻한 공유였다. 제임스의 기억은 몇 년이 지나면 희미해질지 모른다. 그래도 수전은 제임스가 제임스를 사랑했던 친할머니가 있었다는 것을 알았으면 한다.

우리는 수전이 했던 것처럼 상실의 고통을 덜어 줄 수 있다. 조부모는 곁에서 들어 주고 공감함으로써 좋을 때나 나쁠 때나 손주들의 쉼터가 될 수 있다.

우리가 가장 좋아하는 곳은 할머니 집

지난겨울, 도나 크닙의 딸 내외는 세 아이를 디즈니랜드와 씨월드에 데려갔다. 아이들은 모두 씨월드가 그들이 가 본 곳 중 최고라고 말했다.

아이들의 엄마인 조니가 물었다.

"디즈니월드보다 낫지?"

"응."

"동물원보다 낫지?"

동물원은 아이들이 가장 좋아하는 장소이다.

"응, 동물원보다 좋아."

셋이 한목소리로 말했다.

조니는 다른 장소를 말했고 아이들의 대답은 항상 "응."이었다.

마침내 조니는 "할머니 집보다 좋니?"라고 물었다.

아이들은 엄마를 쳐다보며 그렇게 물어보는 엄마에게 충격을 받았다는 표정으로 말했다.

"아니! 할머니 집이 최고야."

도나는 손주들이 갈 곳을 정할 수 있다면 할머니 집에 가고 싶어 한다는 말을 듣고 그 이유를 곰곰이 생각해 보았다. 딸이 그 질문에 이메일로 답장을 했다.

～～～～～～～ 아이들은 블록, 자동차 놀이, 놀이방에 마을 만들기, 야구하기, 영화 보기, 할머니의 진짜 구두로 차려입기를 즐겨요. 그러나 나는 그것들이 할머니, 할아버지 집이 아이들에게 특별한 곳이 되는 이유라고 생각하진 않아요. 조부모의 집은 아이들에게 편안함의 전형이에요. 아이들은 언제나 환영받는다는 느낌과 편안함을 느껴요. 또한 사랑받고 이해받는다고 느낍니다. 왜요? 바로 할머니와 할아버지 때문이에요! 할머니와 할아버지는 손

주들이 가치 있고 중요한 인물이라고 느끼게 만들어 줘요. 당신들은 아이들의 이야기와 사건 및 모든 중요한 의견을 들어 주지요. 당신들은 아이들이 사촌들 사이에서 마음에 상처를 받거나 벽을 뛰어넘거나 다른 사람과 부딪쳤을 때 꺼안아 주지요. 또한 점심시간을 챙기고 각자가 좋아할 음식을 준비해요. 당신은 사탕과 어린이용 컵이 들어 있는 서랍장과 캐비닛을 가지고 있고 과자와 종이와 매직펜이 담긴 바구니도 있지요. 무엇보다도, 당신은 개성이 다른 아이들을 특별하게 모두 사랑하지요. 고마워요, 엄마!

쿠키 기계

수전은 여러 가지 이유로 조부모의 집을 사랑했다. 수전은 부모와 일대일로 소통하는 시간을 많이 갖지 못했다. 수전의 엄마는 수전보다 어린 쌍둥이를 돌보고 사회 활동을 하느라 언제나 바빴다. 그래서 대화할 시간이 없었다. 활동적인 쌍둥이는 꽤 다루기 힘들다! 수전이 여름을 학수고대하는 이유이다. 수전은 1년에 한 번 조부모와 2주를 보내기 위해 오하이오에서 인디애나폴리스로 여행한다. 조부모는 수전을 즐겁게 해 줄 돈이 별로 없었다. 수전은 사소하고 단순한 일들을 소중히 기억한다. 예를 들어 뒤 베란다에 앉아 있기, 나무 블록 빼기(쌓아 올린 나무 블록에서 무너지지 않도록 하나씩 빼내는 놀이), 산딸기와 토마토 따기, 이웃의 베란다에 함께 앉아 있기, 이야기하기 같은 것들이었다. 매일 밤 할머니와 수전이 오래된 쿠키 기계를 사용하여 만든 아이스크림과 쿠키를 먹었다.

주 축제가 시작되면 조부모와 수전은 함께 갔다. 어느 따뜻한 저녁에 조부모는 수전을 마을의 작은 놀이동산으로 데려갔다. 매일 할아버지가 직장에서 집으로 돌아오면 수전은 할아버지와 술래잡기를 했는데 할아버지가 술래였다. 할머니는 오래된 의상 장신구를 주며 수전에게 해 보게 했다.

수전의 조부모는 가까운 곳에 살지는 않았지만 항상 아주 가까이 느꼈다. 조부모는 전화 통화를 하거나 잠시 들를 때도 수전이 인생에서 아무에게도 받지 못한 무언가를 수전에게 주었다. 조부모와 함께 있을 때 수전은 가장 훌륭하고 특별한 사람이었다. 수전은 조부모가 준 장난감은 하나도 기억하지 못한다. 수전의 가슴과 삶의 커다란 자리를 채운 것은 조부모의 사랑과 함께 보낸 시간과 같은 단순한 것들이었다.

이 여름 만남은 수전이 열다섯 살이 될 때까지 지속되었지만 가슴과 가슴의 소통은 평생 지속되었다. 할머니가 돌아가시자 수전은 사랑하는 쿠키 기계를 물려받

> 아이들의 삶에서 조부모의 존재는 안심시키는 효과가 있다.
> 조부모는 안정성과 연속성을 가져오고 양육, 행복 및 성공의 롤 모델이다.
>
> —아치 편햄

았다. 수전은 지금 자신의 부엌에서 쿠키 기계를 사용하여 아들과 손자를 위해 쿠키를 만든다.

손주가 편안한 마음을 갖도록 돕기

나는 큰 유리창이 있어 햇볕이 잘 드는 베란다에 장난감 보관 장소를 마련해서, 늘 손주들을 환영한다는 느낌을 전해 준다. 손주들의 공간에는 인형 집, 공예품 테이블, 빌딩 블록과 의상, 플라스틱 군인, 자동차와 장난감으로 가득 찬 커다란 바구니가 있다. 내가 아는 한 할머니는 손주 다섯의 이름이 붙은 서랍이 달린 옷장을 가지고 있다. 손주들은 방문할 때 옷을 그 서랍장에 넣을 뿐만 아니라 깜짝 선물을 기대하며 서랍을 열어 본다.

다음은 '환영'을 뜻하는 간단한 물건들이다.

☆ 손자, 손녀의 이름이 적힌 칫솔
  아이들이 좋아하는 캐릭터 칫솔을 선택하라!
☆ 세면대를 쓸 수 있는 발판, 그리고 손주 각자의 수건
☆ 아이들만을 위한 책장
☆ 퍼즐, 게임, 인형 및 악기 완구가 있는 장난감 상자 또는 큰 서랍

☆ 어린아이를 위한 어린이용 높은 의자와 이동하기 쉬운 유아
용 침대, 작은 컵, 어린이용 안전 의자, 카시트
☆ 침실과 계단이 있는 문에 필요한 야간 등. 집의 물건을 아이
가 열 수 없게 만드는 안전장치
☆ 십 대 손주가 휴대폰과 아이패드를 충전하고 인터넷에 연결
하는 장소

당신이 하는 일

손주들은 대부분 조부모가 하는 일을 똑같이 해 보는 걸 좋아
한다. 정원 가꾸기, 목공, 사무실에서 노는 것이 포함될 수 있다.
플립과 수전 플리렌스의 사무실은 집에서 걸어갈 수 있는 가까운
거리에 있다. 손주들은 주말에 조부모와 사무실에서 함께 노는 것
을 좋아한다. 플리렌스가 회사 대표이고 주말에는 직원들이 쉬기
때문에 괜찮다고 확신한다! 아이들은 책상에 앉아 타이핑하는 흉
내를 내고, 각 사무실에 연결된 벨을 눌러 본다. 할머니도 하퍼에
게 음식 출장 서비스를 주문하거나 허드슨에게 트랙터를 사라고
벨을 누른다. 손주들은 사무실에서 노는 걸 싫증 내지 않고 좋아
한다. 아이들은 성인 세계의 일부를 느끼고 조금 더 잘 이해할 수
있게 된 것을 좋아한다.

제시카와 크리스토퍼는 주말에 조부모 집을 방문하여 할아버지와 함께 잠시 집을 나섰다. 할머니 수전은 그들이 산책했을 거라고 짐작했다. 왜냐하면 할아버지는 자연을 사랑하고 산책이 손주와 함께 할 수 있는 일이기 때문이다. 아이들은 몇 시간 지나서 웃는 얼굴로 집으로 달려왔다. 수전은 "너희들 어디 갔었니?"라고 물었다.

크리스토퍼는 크게 웃으며 "할아버지와 함께 사무실에서 놀았어요."라고 대답했다. 수전은 그럴 거라고는 상상도 못 했다. 남편은 비즈니스와 사회적 명망에서 성공적인 사업가로 언제나 바쁘게 움직이는 사람이었다. 결코 컴퓨터 앞에 조용히 앉아 있을 사람이 아니었다.

그러자 제시카는 "맞아. 사고파는 회사였어."라고 설명했다. 아이들은 놀고, 할아버지는 게임을 했다. 놀이와 게임이라는 두 가지 버전으로 말이다. 수전은 '아이들은 두 가지 버전을 모두 좋아했기 때문에 어느 것이든 할 수 있음을 보여 주었다. 손주들은 트랙터를 팔거나, 엄마가 되거나, 심지어 회사를 사거나 파는 등 잠재력이 뛰어났다. 우리는 조부모로서 손주들의 재능을 발견하고 무엇이든 할 수 있도록 돕는 특권을 가졌다.'라고 생각했다.

만약 집에 사무실이 있다면 오래된 전화, 사무용품, 종이류, 송장 대장을 모아 둘 수 있다. 손주들을 아침에 직장으로 데려가고 레스토랑에서 점심을 먹어라. 손주가 성공한 사업가가 되는 데 촉매제가 될 수 있다는 것을 잊지 마라!

손주의 집을 방문할 때 기억해야 할 사항

당신은 손주와 함께하는 시간으로 가득 찬 멋진 여행을 기대하고 있다. 그러나 도착한 지 얼마 되지 않아 며느리가 당신 말 때문에 짜증을 낼 수도 있다. 아기를 너무 오래 안고 흔드는 등 아기를 다루는 방식에 차이가 있어 비판할 수도 있다. 그래서 어떻게 처신해야 서로 잘 지낼 수 있는지 고민한다.

손주네 집을 방문하는 건 손주들과 우리 모두에게 축복이 될 수 있다. 그것이야말로 우리가 바라는 것이다. 그러나 우리는 모두 인간이며 잘못을 범하기 쉬우므로 의사소통이 잘못되거나 경솔함에 빠지고 실패한 방문이 될 수도 있다.

다음은 손주 집을 화목하게 방문할 수 있도록 도움을 주는 몇 가지 팁이다.

가정이나 가족에게 도움이 되리라 생각하는 프로젝트를 바로 시작하지 말고 당신의 성장한 자식들에게 먼저 물어보라. 당신이 손주들이 원하는 것이 무엇인지 안다고 가정하지 마라. 손주들은 바닥에 앉아서 노는 것을 부엌에서 페인트칠하는 것보다 더 좋아할 수도 있다. 손주들에게 "이번 주에 뭘 할까?"라고 물으면 성공적인 방문이 될 수 있다. 손주의 집에 있는 동안 일찍 잠자리에 들어 손주에게 책을 읽어 주라. 그러면 손주의 부모가 여유 시간을 가질 수 있다. 손주 부모에게 자유 시간을 주면 모두에게 즐거운 방문이 될 수 있다.

조부모의 농장 방문

나는 어렸을 때 텍사스에 있는 조부모의 농장을 방문하는 걸 좋아했다. 우리가 도착한 시간부터 나는 할아버지를 그림자처럼 따라다녔다. 할아버지는 집안일을 하는 데 나를 데리고 갔다. 할아버지는 소의 젖을 짜고, 닭장에서 달걀을 모으고, 농작물을 점검하며 들판을 걷는다. 나는 아직도 할아버지가 소젖 짜는 법을 처음 보여 주었을 때를 기억한다. 그 모습을 보는 건 괜찮았지만, 소에서 막 짜낸 우유를 모아 둔 양동이의 우유를 마시는 것은 절대로 할 수 없었다. 그래서 할아버지는 몇 km나 떨어진 가장 가까운 마을로 가서 우유를 사다 주었다. 나는 할머니와 함께 완두콩을 까고 배 껍질을 깎았다. 저녁 식사 후에 가림막이 있는 베란다의 흔들의자에 앉아서 할아버지가 나를 위해 'You Are My Sunshine' 노래를 불러 주는 시간이 가장 좋았다. 나는 50년이 지난 지금도 손자들에게 같은 노래를 불러 주고 여전히 할아버지를 그리워한다.

— 마리 메이어

자녀의 훈육 방법을 인정하라. 어떤 이는 결혼한 아들 집을 방문하기 위해 미시간에서 오리건으로 가면 잘못된 일을 하지 않을까 겁이 나서 손주들과 단둘이 있는 것을 피한다. 취침 시간, 짜증, 시간 초과에 대해 어떻게 해야 할지 잘 모르겠다면 손주 부모에게 물어보고 그들의 방식을 존중하라. 만약 손주 부모가 아이들에게 건강한 음식을 먹이고 단것을 최소한으로 주려 한다면 그들의 방식을 따르라.

> **추억 만들기**
>
> 당신이 손주의 집을 방문하였다가 집에 갈 때가 되면 달콤한 추억거리를 남겨 두라. 이것은 손녀의 베개 밑에 숨겨 둔 사랑의 메모, 부엌에서 직접 만든 브라우니 박스, 손녀의 침대 옆에 있는 두 사람의 액자 사진 또는 선물을 찾을 수 있는 단서가 될 수 있다. 손주들은 당신이 남긴 사려 깊은 물건을 고마워하며 당신이 손주들을 사랑한다는 것을 기억할 것이다.

재정적으로 세심하라. 내가 아는 한 할머니는 다른 나라에 사는 딸과 사위가 빠듯한 예산으로 살림을 한다는 것을 알아챘다. 그래서 딸네 집에서 보내는 동안 그들이 여유가 없어서 못 사는 진짜 오렌지 주스나 좋아하는 아이스크림을 포함하여 장을 본다. 그리고 딸이 쉬는 시간을 가질 수 있도록, 직접 저녁 식사를 준비하거나 가족을 데리고 나와서 외식을 한다.

일본에 사는 손주

손주 에마와 안나 마리아는 일본에 살고 있다. 우리는 1년에 한 번 방문하는데, 손주들이 좋아하는 것을 하는 데 많은 시간을 할애한다. 예를 들어 안나 마리아는 게임을 좋아해서 우리는 거의 매일 게임을 했다. 또한, 할아버지 아보가 펼치는 마술 트릭을 좋아하는데, 할아버지가 쓰는 속임수를 알아내는 것을 즐긴다. '마술의 밤'은 모두에게 즐거움을 준다. 우리가 아이들을 돌볼 때 크리스티나와 제이슨은 좋아하는 저녁을 먹으러 나가거나 영화를 보러 간다.

우리는 그들이 하와이에 머무는 동안에 부모들을 3일간 다른 섬으로 여행을 보냈는데 매우 좋아하였다. 우리는 멀리 떨어져 있어 자주 방문하진 못하지만, 방문을 최대한 활용하고 일 년 내내 매일 연락을 주고받는다.

– 마리아 카이에르

딸과 며느리, 아들과 사위는 모두 독특하고 요구 사항이 다르다는 것을 기억하라. 자식들에게 가장 필요한 것은 당신이 그들에게 시간과 경제적 여유를 주는 것이다. 당신이 손주들의 아침 식사를 책임짐으로써 여유롭게 잠잘 수 있도록 해 주라. 며느리가 밤에 나들이할 수 있도록 해 주면 고마워할 수도 있다. 부모가 밖에 있는 동안 아이를 돌보는 것은 손주를 알 수 있는 특별한 시간이다. 당신이 손주들의 집을 방문할 때 부모가 가장 고마워하는 것이 무엇인지 물어보고 신경을 써라.

가족이 당신을 섬기기를 기대하지 말고 '어떻게 봉사할까?'고민하라. 온종일 어린아이를 셋이나 돌보는 일은 어려운데, 특히 손님이 오면 더욱 힘들다. 오늘날 부모들은 스트레스가 아주 많다. 당신이 먼저 부모들에게 도움을 제안하고 도와주라. 만약 당신의 며느리에게 도움이 필요한지 물어본 후 좋다고 하면 살림을 도와주라. 그러면 며느리 내외는 좋은 시간을 함께 보낼 수 있을 것이다. 어질러진 방을 치우는 방법을 제안하는 걸 피하라. 그것은 젊은 부모에게 겁을 주는 일이다. 어린 자녀와 함께 사는 집 중 완벽한 집은 거의 없다. 어쨌든 집안 살림을 완벽하게 하는 것보다 사람이 더 중요하다.

손주의 학교 선생님과 함께하라. 당신이 방문하는 기간에 손주를 데리러 학교를 방문하고 선생님을 꼭 만나도록 하라. 또는 할머니와 할아버지가 교실에 초대되는 조부모의 날에 맞추어 여행 계획을 세우라. 나는 손녀 케이틀린이 3학년 때 '조부모와의 차' 행사 참석에 맞추어 여행 일정을 잡았다. 아이들은 미술 작품을 보여주고 연극을 하고 조부모에게 자신이 만든 선물을 주고 쿠키와 함께 멋진 티타임을 가졌다. 우리가 그 시간을 얼마나 즐겼는지! 손자 칼렙의 친구들과 유치원 선생님, 매일 배우는 교실, 손자가 놀던 놀이터를 만나는 것은 정말 즐거운 일이었다.

네 살짜리 손주를 둔 얀 피퍼는 "우리는 조부모의 날에 충실하게 참석한다."라고 말했다. "이것은 우리의 인생에서 매년 실제로 일어나는 하이라이트이다. 이 행사는 추수 감사절을 앞둔 11월에 행

키세스 30개

당신이 손주 집에 도착하기 한 달 전에 30개들이 허쉬 키세스 병을 보내, 매일 한 개씩 허쉬 키세스를 먹으라고 하라. 다 없어지면 당신이 도착할 거라고 말하라! 이렇게 하면 허쉬 키세스가 없어지는 만큼 아이들의 기대감은 커진다.

한다. 조부모의 날 참석은 휴가철의 분위기를 결정짓기 때문에 우리에게는 매우 중요하다. 대대로 내려오는 가족의 소중함에 감사하는 마음을 담아 올바른 시각으로 바라보도록 한다." 농구와 축구 시즌에는 손주들이 뛰는 경기에도 참석하려고 한다.

8

편지와 카드를 통해 함께하기

편지는 시간의 선물이 될 수 있다.

안전한 곳에 따로 넣어 두고, 보관하고,

소중히 여기고, 전달할 수 있다.

— 애니 모튼

자신도 모르게 손주에게 간단한 유산을 물려줄 수 있다는 것은 흥미로운 일이다. 손주들은 사랑의 지속적인 순환에 따라 다음 세대에 전달할 것이다. 나에게는 그게 편지 쓰기였다. 내가 처음으로 읽고 쓰는 법을 배웠을 때 휴스턴에 있는 할머니가 나에게 편지를 썼다. 나는 할머니에게 답장을 보냈고 할머니도 내게 답장을 썼다. 그렇게 시작된 편지 주고받기는 할머니가 녹내장으로 볼 수 없을 때까지 수년간 계속되었다. 처음 나의 편지는 간단했다.

"어떻게 지내세요? 나는 잘 지내고 있어요. 나는 학교를 좋아해요."

그러나 내용이 풍부해지고 때로는 내 그림과 시가 들어가고 할머니의 삶에 관한 질문도 포함되었다.

우리는 1년에 딱 한 번 엄마가 댈러스에서 휴스턴까지 기차로 데려다줄 때 할머니를 만날 수 있었다. 할머니의 작은 집에는 여섯이나 되는 아이들을 비롯해 많은 사람이 모여, 할머니와 단둘이 한마디 할 기회도 거의 없었다. 그러나 편지 왕래는 할머니와 함께하기에 도움이 되었고 소중하였다. 나는 여섯 손주 중에서 할머니한테 편지를 받는 유일한 아이였다.

재래식 편지의 가치

오늘날에는 전자 메일, 웹캠 및 문자 메시지를 통해 손주와 함께할 수 있지만, 어린이들은 여전히 편지 받는 걸 좋아한다. 우표 가격이 올랐지만 편지나 카드를 보내는 것은 여전히 훌륭한 투자이다.

정기적인 연락은 관계를 형성하는 중요한 열쇠이다. 당신이 멀리 떨어져 살더라도 편지를 통해 특별한 유대감을 구축할 수 있다. 손주가 늘 지닐 수 있는 할머니의 격려의 말보다 더 좋은 것은 없으며, 따로 보관해 두고 힘든 날에 읽을 수 있다. 아이들은 자기 이름으로 오는 편지나 소포를 매우 특별하다고 느낀다. 그리고 손으로 쓴 '대화'는 후손이 발견할 수 있는 기념품이 될 수 있다.

이것이 손주들이 태어났을 때 내가 편지와 엽서를 쓰기 시작한 이유이다. 가까이에 사는 손주들에게는 다른 주나 나라로 여행할 때 화려한 엽서를 보낸다. 손주들이 아플 때는 병문안 카드를 보내고 1년의 학교생활을 마치면 축하 카드를 보낸다.

멀리 떨어져 있는 손주 조세핀과 루시를 위해 오클라호마시티와 밀워키 사이의 우편을 이용한다. 손주를 위해 그림엽서 팩을 사서 하나씩 보내고 동물이 그려진 종이에 글자를 인쇄하여 조세핀이 메시지를 알아볼 수 있게 한다. 무설탕껌, 1달러 또는 바비 공주 스티커를 봉투에 넣는다.

> 편지는 몇 번이고 다시 읽을 수 있다. 편지는 때로는 삶의 거친 물살을 평온하게 하고 진정시킨다. 글 쓴이의 일부였던 편지가 이제는 받는 사람의 일부가 된다. 편지는 우리의 실제적인 존재 이외에 다른 사람에게 도움과 관심을 줄 수 있는 최상의 물리적 증거이다.
>
> — 무명씨

나는 아직 읽을 수 없는 손녀 루시에게도 책을 보내고 편지를 쓴다. 책 뒤표지 안쪽에 루시와 내 사진을 붙이고 큰 글씨로 "낸디는 루시를 너무 사랑한다!"라고 썼다. 손녀의 엄마가 책을 읽어 주었을 때 루시는 처음으로 "낸디!"라고 말했다. 이 단순하고 화려한 책의 그림과 메시지는 우리가 멀리 있어도 함께하게 해 준다.

우편을 이용하여 멀리 떨어져 있는 손주들과 함께하는 방법은 매우 다양하다. 우편집배원이 나 대신 손주를 방문하여 내가 손주들과 함께하도록 300번이 넘는 기회를 제공한다고 생각해 보라. 우리의 편지는 손주들의 읽기와 언어 능력이 향상되는 길을 열어 준다. 당신은 젊은이가 평생 편지 쓰기 습관을 시작하는 촉매제가 될 수 있다. 할머니와 주고받은 편지가 어린 시절의 나에게 글쓰기에 대한 사랑의 씨앗을 심어 주었다는 걸 깨달았다. 그 결과 난 작가가 되었다.

편지를 통한 함께하기의 팁

다음은 손주들과 연락하고 지낼 수 있는 몇 가지 훌륭한 방법이다. 꽃무늬 편지지나 재미있는 메모 카드에 글을 쓰거나, 만화를 그리거나, 여행 엽서에 메모를 써 보라. 조금만 생각하면 독특하고 재미있는 방법으로 손주에게 당신의 사랑을 전할 수 있다.

다음은 편지를 보내는 몇 가지 아이디어이다.

풍선 메시지를 보낸다. 풍선을 불면 글씨가 나타나게 풍선에 글을 써라. 우스꽝스럽거나 사랑스러운 메시지를 만들라. 풍선을 불면 메시지를 확인할 수 있다.

"나는 네가 보고 싶다!" 또는 "너는 할머니에게 특별하단다."

같은 메시지를 쓴 종이를 풍선 안쪽에 붙인다. 우편을 받은 손주가 풍선을 불면 빵 하고 터져 메시지를 읽을 수 있다. 손주가 아직 읽을 수 없다면 그림을 넣어도 된다.

개인 맞춤형 생일 카드를 만들라. 카드에 손주의 사진을 넣고, 손주가 좋아하는 것들을 포함하라.

엽서를 보내라. 우편엽서는 간단하게 소식을 전할 수 있다. 글을 장황하게 쓰는 습관이 있는 사람에게 강추한다! "너를 사랑한다." 또는 "너는 나의 가장 소중한 보물이란다.", "너는 특별해." 같은 문구로도 뜻을 훌륭하게 전할 수 있다.

이야기를 보내라. 최근에 일어난 일을 써서 손주에게 보내라. 그리고 손주가 겪은 좋은 일이나 재미있었던 일에 관해 이야기해 달라고 하라. 휴가 기간에는 좋아하는 크리스마스 이야기를 보내라. 핼러윈에는 무서운 이야기를 보내라.

격려의 카드를 보내라. 일리노이주에 사는 할머니, 조이스는 감동적인 이야기와 좋은 글귀를 적은 카드로 서로 다른 지역에 사는 아홉 손주와 늘 소통한다. 조이스는 손주들이 성장하는 동안 계속 편지를 써 왔다. 할머니의 사랑이 담긴 단순한 표현들은 손주들에

게 많은 위로와 사랑을 전해
주었다.

손수 만든 쿠폰과 구매한 쿠폰을 보내라. 글렌이라는 할머니는 맥도날드의 5달러짜리 기프트 카드와 아이스크림 가게 쿠폰을 여섯 살에서 아홉 살 사이의 손주 다섯에게 보낸다. 형제자매에게 친절을 베풀게 하기 위해 방과 후에 간식을 사서 나눠 먹으라는 메모와 함께 쿠폰을 보낸다.

스스로 쿠폰을 만들 수도 있다. 할머니와 단둘이 외식하기, 동물원 가기, 주말여행 등 쿠폰을 만들어서 사용하라. 당신의 손주는 쿠폰을 새로 받을 때마다 즐거워할 것이다!

돌봄 패키지를 함께 넣어라. 카렌 오코너는 멀리 떨어져 있는 손주에게 1년에 몇 번 돌봄 패키지를 보내어 놀라게 하라고 제안한

다. 당신이 손주들을 생각하고 있다는 것을 알게 해 주는 적합한 선물을 포함할 수 있다. 아이가 좋아하는 간식, 놀잇감, 책, 인형 등을 넣을 수 있다.

손주 수에 따라 돌봄 패키지의 양과 수를 조정할 수 있다. 카렌은 중요한 것은 보내는 돈이나 물건이 아니라, 손주를 사랑하고 매일 생각하고 있다는 것을 손주들에게 알려 주는 것이라고 말한다.

손주가 아픈데 갈 수 없을 때는 돌봄 패키지에 영양 간식, 침대에서 할 수 있는 간단한 게임 세트, 재미있는 그림책, 포근한 인형 같은 물건으로 채워라.

잡지를 구독하게 하라. 손주들의 관심 분야가 무엇이든 그에 맞는 어린이 잡지가 있다. 잡지를 구독하게 하면 우편으로 보내지 않아도 매달 손주의 우편함에 도착할 것이다.

거리를 뛰어넘는 일기 쓰기

메리 조 마틴은 손주들을 더 잘 알고 싶었다. 그래서 같이 일기 쓰기를 시도했다. 위쪽 반은 공백이고 아래쪽 반은 줄이 처진 메모 노트를 사용했다. 위 빈 곳에 사진을 붙이거나 그림을 그릴 수 있어 글을 많이 쓰지 않아도 되므로 아이들에게 부담이 없었다. 나이가 들수록 항목이 길어져 매우 재미있었다. 거리를 뛰어넘는 일기 쓰기가 손주와 함께하는 좋은 방법임이 입증되었다.

다음은 마리 조가 손녀에게 보낸 첫 번째 편지이다.

사랑하는 케이티에게

네가 자라면서 너의 삶에 무슨 일이 일어나는지를 알기가 더 힘들어지는구나. 그래서 생각했지! 우리가 함께 일기를 써서 주고받는다면 어떨까? 우리는 삶에서 일어나는 일들에 대해 글을 쓸 수 있고, 사진을 보내거나 너의 삶에 관한 그림을 그릴 수도 있어.

네가 딱 맞는 봉투를 찾으려고 애쓰지 않도록 반송용 봉투를 같이 보낼 거야. 너는 일기를 써서 그 봉투에 넣어 보내기만 하면 된단다.

나는 이 아이디어가 네 마음에 들어서 나에게 자주 글을 써 주길 바란다. 이 일기장을 받을 때마다 매번 똑같은 장소에 보관하여 잘못 놓거나 잃어버리지 않도록 하렴. 부엌에 있는 찬장이나 엄마의 책상이 보관하기에 딱 좋은 장소란다.

— 사랑. 나나

특별한 종류의 편지

셜리와 게이브 우츠는 멀리 사는 손주가 어릴 때, 카드 안에 껌을 붙여 보냈다. 껌 포장지에 재미있는 그림을 그려 넣었다. 또, 조립 장난감을 사서 반만 조립 한 뒤 나머지는 손주들이 조립하도록 했다. 또한 A에는 사과, B에는 꿀벌을 그리는 등 각 문자에 숫자나 그림을 그려 '문자 암호'를 만들었다. 아이들은 각 문자 암호가 무엇을 뜻하는지 알아내야 했다. 편지를 짧게 만들면 관심과 집중을 유지하는 데 도움이 된다.

다음은 손주와 함께하기에 좋은 편지 사용 방법의 몇 가지 예이다.

계속되는 편지. 다이앤 프랜스는 손주가 다른 도시에 살고 있을 때 쉽게 소통할 수 있는 방법에 대해 생각했다. 다이앤은 옛날 방식으로 손주들과 '이야기'를 하고 싶었다. 그래서 1년 동안 매주 편지를 썼다.

다이앤은 매주 자기 삶과 주변에서 일어나는 일을 편지에 썼다. 다이앤은 편지를 통해 손주에 대해 잘 알게 되었음을 알려 주고, 생일을 맞은 손주에게 큰 관심을 보였다. 편지는 애정을 담은 말과 함께 그날의 생각과 손주들이 풀어야 할 수수께끼로 끝맺었다. 처음 편지를 쓸 당시, 아이들은 두 살에서 열두 살이었지만 지금은 여섯 살에서 열여섯 살이며 더 가까이에 살고 있다. 편지는 물리적으로 먼 거리를 심정적으로 가깝게 이어 주었다. 편지는 오늘날까지 남아 서로 함께하기를 도와준다.

생일 편지. 손주들 생일에 편지를 쓰는 것은 함께할 수 있는 훌륭한 방법이다. 거리의 멀고 가까움은 아무 상관이 없다. 나는 손주들에게 선물과 함께 편지를 써서 주었다. 그러나 손주들이 아직 어려서 읽을 수 없었다. 그래서 제대로 보관하지 못해 분실되었다. 다행히도 나는 컴퓨터에 편지를 저장해 두었다. 그래서 올해 다시 생일 편지 쓰기를 시작하려 한다.

텍사스에 사는 프랜시스 할머니는 손주들이 조부모와 함께하는 시간뿐만 아니라 손주들이 했던 행동이나 말을 기록하는 일지를 쓰기 시작했다. 프랜시스는 일 년 내내 메모를 계속한다. 손주들의 생일 직후에 손주에게 그해 가장 중요한 일을 담아서 멋진 편지지에 손으로 편지를 쓴다. 그리고 스크랩북에 보관한다.

손주가 특별히 의미 있는 일을 하거나 말을 하면 노트에 적어서 연례 편지에 같이 적는다. 메모는 중요하다. 왜냐하면 바쁜 삶 속에서 특별한 순간들이 금방 잊힐 수 있기 때문이다. 여섯 손주 중에서 어느 아이가 이런 말을 했는지 또는 누가 그런 일을 했는지 기억하는 건 어렵다! 프랜시스는 손주들이 앞으로 다가올 미래에 자신에 관한 글 읽기를 좋아할 것을 알기에 이 사려 깊은 편지 쓰기 프로젝트를 계속한다. 프랜시스는 자신의 손주가 성년이 되면 생일 축하 편지가 모두 들어 있는 노트를 줄 계획이다.

아기 편지. 어떤 조부모는 아이가 태어나기 전부터 편지 쓰기를 시작한다. 페기 파월은 15년 전 어느 날 밤 딸한테서 "엄마, 우리 임신했어!"라는 전화를 받았다. 페기는 너무 흥분하여 잠을 잘 수 없었다. 그래서 노트를 꺼내 편지를 써 내려갔다.

─────── 사랑하는 어린 아기에게

너의 엄마와 아빠가 오늘 밤 새로운 소식을 알리기 위해 전화했어! 우리는 네가 소년인지 소녀인지 모른다.

우리는 너를 어서 빨리 보고 싶어서 만날 때까지 기다리는 게 너무 어렵구나. 네가 자라는 동안 신의 가호가 함께하기를 기도하마. 나는 이미 너를 사랑한다.

할머니

딸의 임신 기간 동안에 페기는 태어날 아기를 위해 편지를 4통이나 썼다. 그리고 손주의 출생과 딸의 출산 축하 파티를 위해 편지를 보관했다. 페기는 손주가 태어날 때마다 스프링 노트에 메모를 시작했다. 손주들의 귀여운 말, 재미있는 일들, 손주들을 위한 기도를 적었다. 페기는 언젠가 손주에게 이 메모가 도움이 될 것이라고 생각한다.

"할머니는 나를 위해 이렇게 기도하고 있었구나…."

페기는 특별한 날에는 편지를 쓰고 관련 사항을 복사하여 각 손주의 스프링 노트에 보관하였다. 예를 들어 밀레니엄(2000년)에는 21세기에 일어나는 변화에 관해 썼다. 페기는 사진, 학교 연극 프로그램 및 함께 방문한 방문지와 여행 기념품과 같은 수집품에 대한 명확한 기록 보관 용구를 갖고 있다.

이야기 편지. 너무 바쁘거나 손주가 너무 많으면 노트를 계속해서 만들 수 없다! 그럴 때는 함께했던 시간

내가 좋아하는 것들

손주에게 자신이 좋아하는 것을 적을 수 있는 종이를 한 장 보낸다. 손주가 당신에게 그 목록을 돌려보낼 수 있도록 반송용 봉투를 동봉하라.

네가 좋아하는 것이 무엇이니?
〈십 대〉

웹 사이트

영웅

밴드

도서

노래

TV 쇼

〈어린아이〉

음식

이야기

스포츠

동물

가장 친한 친구

네가 항상 가고 싶었던 장소

에 관한 추억을 짤막하게 기록할 수 있다. 티파티나 재미있는 이야기, 조부모의 날에 학교에 간 것 또는 독립 기념일 퍼레이드에 함께 했던 행진같이 큰 행사 이야기일 수도 있다. 비록 짧은 이야기일지라도 이 편지들을 간직하였다가 손주가 고등학교를 졸업할 때 기념으로 줄 수 있다. 당신이 손주에게 성장기 18년 동안의 이야기를 모아서 주면 얼마나 큰 보물이 될지 생각해 보라!

우편 선물

우리 엄마와 아빠는 6시간 거리에 떨어져 사는데 손주는 두 살 반 딸 안나 한 명뿐이다. 부모님은 가능하면 방문하지만 원하는 만큼 자주 오지는 못한다. 그래서 부모님은 안나와 더 가까워지기 위해 호루라기, 그레이엄 크래커(통밀로 만든 사각형 비스킷), 손녀가 좋아하는 시리얼, 거품 메이커 같은 간단한 것을 우편으로 보낸다. 안나는 이런 선물을 좋아한다.

— 로라 마이어스

손주에게 편지 쓰기에 관한 팁

여행할 때 작은 천 가방을 가져가라. 우편엽서와 편지지와 봉투를 넣어라. 여행 도중 발견한 경치가 좋은 그림엽서를 보낼 때 쓸 우표도 챙겨라. 가끔 팸플릿이나 사진을 보내라. 단 몇 분 만에 여행의 하이라이트를 쓰거나 격려의 말을 나눌 수 있다.

어린아이에게는 편지를 짧고, 달콤하고, 간결하게 쓰라. 마치 손주와 이야기를 하는 것처럼 일상 대화체로 쓰라.

메시지뿐만 아니라 종이, 잉크 색, 재미있는 우표를 선택하는 재미를 가져 보라.

무엇을 써야 할지 모르는가? 참고할 만한 몇 가지 주제가 있다. 휴가 여행, 반려동물이 최근에 한 장난, 손주에 관해 쓰기, 좋아하는 것, 나중에 손주와 함께할 계획에 관한 아이디어 등이다. 손주들은 조부모의 어린 시절이나 부모의 성장기에 관한 짧은 이야기를 읽는 것을 좋아한다.

손주가 답장을 쉽게 보낼 수 있도록 반송용 봉투와 여분의 편지지를 넣는 것을 잊지 마라.

할머니의 물품 선반

손주와 연락하고 싶을 때 편리하게 사용할 수 있는 재료를 보관할 물품 선반을 정해 두어라.

포함되어야 할 것
☆ 편지지 크기 봉투
☆ 편지지, 레이저 용지와 테두리 용지, 엽서
☆ 생일 편지 보관을 위한 링 노트
☆ 다양한 색의 펜과 우표
☆ 우송료를 포함한 여러 가지 우선 취급 우편 봉투
☆ 화려한 스티커

<u>손주가 원하는 만큼 자주 답장을 보내지 않는다고 기분 나쁘게</u> <u>생각하지 마라.</u> 인내심을 갖고 당신의 편지가 손주의 하루를 만들고 함께하기를 만든다는 것을 알아 두라!

무당벌레 편지

우다의 손주들은 각기 다른 주에 살고 있다. 우다는 손주와 지속적으로 편지를 주고받는다. 매달 한 번씩 각 손주에게 작은 선물이 포함된 깜짝 패키지를 보낸다. 손주들이 우다를 '곤충 할머니'라고 부르기 때문에 정기적으로 보내는 편지에는 때때로 껌 한 통 또는 무당벌레 편지지에 쓴 메모를 넣는다. 아이들은 편지 속에 무당벌레 반송용 봉투와 여러 가지 무당벌레 스티커가 있으므로 그것이 할머니에게서 왔다는 것을 안다.

우다는 손주가 여덟이나 되기 때문에 실용적이어야 한다. 우다는 손주에게 보낼 쫀득쫀득한 곰 모양 사탕에서부터 장난감 반지(납이 첨가되지 않은 보석 전용), 작은 보드 책, 트롤 인형(덴마크에서 유래된 인형으로 머리를 쓰다듬으면 행운을 가져다준다고 함)까지 작은 보물을 폭신한 봉투와 상자에 보관한다.

또한, 우다는 손주가 전자 카드의 다양한 특징을 클릭하여 상호 교류하는 걸 좋아하므로 가끔 재미있는 전자 카드를 보낸다. 종종 손주들은 엄마의 도움을 받아 '곤충 할머니'에게 전자 카드로 답장을 보낸다.

할머니가 자주 보내는 소모품은 사용 시간이 짧지만 중요한 것은 바로 '곤충 할머니'가 보낸 것이며, 멀리 떨어져 있지만 할머니가 손주들을 깊이 사랑한다는 것을 아는 것이다.

부모가 돕는 우편 소통

☆ 한 달에 한두 번 정도 시간을 내어 아이들에게 밝은 색연필, 스티커 또는 마커를 포함한 필기도구를 마련해 준다. 아이들에게 조부모에게 보내는 쪽지를 쓰거나 그림을 그려 보도록 격려하라. 최근 사진을 끼워 넣도록 하라.

☆ 아이들이 "무엇을 써야 할지 모르겠어."라고 하면 "토요일 축구 경기에 대해 말하면 어떨까?" 또는 "우리가 뒷마당에서 본 토끼 그림을 그려 볼래?"라고 제안하라.

☆ 조부모가 편지나 카드를 보내면 아이에게 읽어 주고 냉장고 또는 게시판에 붙여 놓으라.

☆ 조부모가 선물을 보내면 자녀가 전화하거나 감사 편지를 보내도록 격려하라. 그러면 당신은 아이들의 작문 능력 향상을 도울 뿐만 아니라 감사와 예의범절을 알려 줄 수 있다.

비록 멀리 떨어져 살더라도 함께하려고 노력하면 손주들은 당신이 자신들을 항상 생각하고 있다는 것을 알게 된다!

9

인터넷과 기술을 통해 함께하기

잘되는 일이 하나도 없다면,

할머니에게 전화하라.

— 이탈리아 속담

수십 년 전까지만 해도 사랑하는 사람들과 연락하는 유일한 방법은 전화와 우편이었다. 지금도 여전히 연락을 주고받을 수 있는 좋은 방법이다. 그러나 오늘날 우리는 서로 다른 곳에서 사는 조부모와 손주들 사이를 연결해 주는 기술의 혜택을 누리고 있다.

주디의 아들 내외는 손주 둘과 함께 중동에 있다. 주디는 2년 반 된 안나와 9개월 된 제이드를 1년에 두 번 정도 보는데, 가까운 관계를 유지하는 가장 좋은 방법은 컴퓨터 웹캠을 이용하는 것이다. 전화 통화만 하던 시절에는 수신 상태가 좋지 않아 혼선이 되거나 전화가 끊어졌다. 그러나 웹캠을 사용하면 8시간의 시차가 있더라도 바로 연결된다. 컴퓨터에서 화상 통화를 하면서 얼굴을 보며 실시간으로 이야기할 수 있다!

주디가 오전 5시 30분에 모닝커피를 마시는 동안 며느리 마시와 어린 안나가 전화한다. 주디가 큰 컴퓨터 스크린을 보면 안나가 '주디' 또는 '주주'라고 부르면서 방을 가로질러 춤을 추며 할머니를 맞이하는 모습이 보인다. 주디는 안나에게 책을 읽어 주고 그림을 하나씩 보여 주기도 한다. 주디의 다른 손주들이 집에 오면 모두 컴퓨터 주위에 앉아서 안나와 대화한다. 다섯 살인 쿠퍼가 안나에게 책을 읽어 주면 안나의 눈은 커지고 추억이 만들어진다. 안나가 사촌들에게 노래를 불러 주면 사촌들이 끼어들어 학교에서 배운 노래를 함께 부른다.

주디는 컴퓨터에 능숙하지 않지만 웹캠 사용이 아랍 국가에 사는 손주와 함께할 수 있는 가장 쉽고 좋은 방법이라는 것을 알았다. 웹캠은 그들의 의사소통과 삶의 방식에 큰 변화를 가져다주었다.

다이앤의 여덟 손주는 캘리포니아, 몬태나, 텍사스에 사는데 십 대 손녀들과는 휴대전화와 이메일로 계속 연락한다. 손녀들은 일상에서 일어나는 일들에 관한 간단한 메모를 보낸다. 다이앤은 즐거운 소식, 지혜와 격려를 담은 짧은 메모를 넣어 답장한다. 십 대들은 각자 휴대전화를 가지고 있기 때문에 잠시 전화를 하거나 빠르게 문자 메시지를 보낸다.

기술로 거리 넓히기

내 동생 매릴린은 손주 데커가 태어나서 2년 동안 댈러스 메트로플렉스에 살았기 때문에 정기적으로 손주를 보았다. 그러다 손주네가 미네소타주 미니애폴리스로 이사를 가자, 매릴린은 상실감에 빠졌다. 나는 매릴린에게 인터넷 채팅을 할 수 있는 웹캠을 장만하면 데커와 인터넷 채팅으로 소통할 수 있다고 알려 주었다. 이것이 얼마나 큰 차이를 만들었는지! 데커는 조부모와 전화로 이야기하는 것보다 웹캠을 통해 채팅하는 것을 더 좋아했다. 때때로 데커는 재주넘기를 하거나 조부모에게 새로운 장난감을 보여 준다.

어느 날 밤 매릴린이 데커에게 전화했을 때였다. 데커는 부모보다 빨리 컴퓨터로 가려고 속옷도 입지 않은 채 화장실에서 나와 달려갔다. 데커는 할머니와 몇 분간 이야기를 하고 할머니가 책 읽어주는 것을 들은 후 갑자기 안절부절못하고 컴퓨터 의자에서 일어섰다. 그때야 조부모는 데커가 바지를 입지 않았다는 것을 알아챘다. 모두가 한바탕 웃었다. 몇 달 후 데커를 만나기 위해 방문했을 때 데커는 조부모를 마치 어제 본 것처럼 쉴 새 없이 재잘거렸다.

그렇다. 기술의 발달로 동아시아와 마케도니아처럼 해외에 나가 사는 가족과도 어려움 없이 소통할 수 있다. 인터넷을 통해 웹캠으로 연락을 주고받으면 가까운 곳처럼 느낄 수 있다.

레바논에서 오클라호마까지, 네바다에서 샌안토니오까지, 뉴욕에서 캘리포니아까지 조부모와 손주는 기술을 이용해 늘 함께할 수 있다.

어린이와 청소년은 물론 미취학 아동도 우리보다 기술을 사용하는 데 더 뛰어나고 자기 삶의 자연스러운 부분으로 인식한다. 그래서 전화로 의사소통하는 것보다 웹캠으로 의사소통하는 것을 더 좋아한다. 손주들이 십 대 초반이 되면 특히 그렇다.

> 인생의 가장 큰 신비 중 하나는 당신의 딸과 결혼하기에는 부족한 소년이 어떻게 세상에서 가장 똑똑한 손자의 아버지가 될 수 있냐는 것이다.
>
> ― 유대인의 속담

기술의 진보는 아무리 멀리 떨어져 살더라도 얼굴을 보며 가깝게 소통할 수 있도록 도와준다. 만약 당신이 기술적으로 어려움을 겪고 있다면 컴퓨터에 대해 잘 아는 친구에게 도움을 받아 모두 설치하라.

그러나 이런 기술적인 방법을 좋아하지 않는다면 우편으로 편지와 카드를 보내는 것도 괜찮다. 어느 방식이든 손주에게 아주 특별함을 느끼게 한다.

웹캠 재미

댈러스에 사는 에이미는 시애틀의 부모와 마찬가지로 웹캠을 가지고 있다. 조부모는 정기적으로 손주를 '볼' 수 있다. 조부모는 손주의 우스꽝스러운 표정을 보고 웃음소리를 들을 수 있다. 최근에 할머니는 손주에게 책을 보냈는데 손주가 책을 보는 동안 인터넷을 통하여 읽어 줄 수 있었다. 손주는 너무 재미있어서 다음 날 밤에도 읽어 달라고 했다.

내가 들은 가장 창의적인 아이디어는 할아버지와 손주가 웹캠을 통해 카드 게임을 하는 것이다. 조애너의 한 손주는 도쿄에 살고, 조애너는 텍사스에 살고 있으므로 소통이 매우 어려웠다. 그래서 컴퓨터 카메라를 설치했다.

매주 조부모는 손주들과 실시간으로 대화를 나눈다. 그들은 손주들과 카드놀이를 하고 손주들에게 새로운 공작품과 활동 모습을 보여 달라고 한다. 손주들이 조부모를 방문하기 위해 오랜만에 미국에 와도 전혀 낯설어하지 않는다.

일본의 손주와 텍사스의 조부모는 우노(Uno) 카드 세트를 가지고 있다. 그들은 카드를 맞추고 뒤집는 규칙을 만들었는데, 무료 카드 게임을 하기 위한 특별한 규칙도 만들었다. 웹캠에서 쓸 수 있는 다양한 소프트웨어 프로그램이 있으므로 가장 적합한 소프트웨어를 검색하라.

조부모와 손주들이 웹캠을 통해 의사소통하는 것은 함께 있는 것 다음으로 좋다. 이 기술을 사용하여 함께하는 데 필요한 몇 가지 팁을 소개한다.

아이들이 이야기하게 하라. 당신 혼자서 많은 말을 하지 마라. 많은 말을 하게 되면 어린 손주들이 듣지 않는다.

좋은 질문을 몇 개 준비하거나 손주의 관심을 끌 만한 내용을 이야기하라. 전화할 때마다 새로운 농담이나 수수께끼를 공유하라.

슈퍼 히어로 또는 좋아하는 가상의 캐릭터에 관한 이야기를 함께 만들라. 당신이 이야기를 시작하고 손주들이 에피소드와 다른 것을 추가한다.

게임을 만들고 함께 놀아라. 매릴린이 즐겨 하는 게임 중 하나는 "내가 너에게 뭔가 보여 줄게!"이다. 매릴린은 카메라 앞에 무언가를 놓는다. 작은 개 중 하나이거나 막 피어난 꽃일 수 있다. 그러면 손주 데커가 "내가 할머니에게 뭔가 보여 줄게!"라고 말한다. 손주는 당근이나 신발을 가져올 수도 있다. 우스꽝스러운 게임이지만 데커는 싫증 내지 않고 계속 좋아한다. 당신은 '20개의 질문' 또는 '나는 스파이'를 할 수 있다. 매릴린은 1년 전에 데커의 여동생 엘리스가 태어난 후 손녀의 첫 번째 이를 보고, 첫 단어를 듣고 손녀와 함께 즐겁게 지냈다.

손주들의 창작물을 보라. 손주에게 그 주에 만든 거나 그린 것을 보여 달라고 요청하라. 공예품, 그림 또는 낙서 등을 보면 재미있다.

기술을 통해 함께하는 더 많은 방법

웹캠 외에도 조부모가 기술을 통해 소통하는 다른 방법이 있으며 여러분도 그렇게 할 수 있다.

유튜브에 당신의 비디오를 올려라. 중동 지역에 사는 주디의 아들 블레이크는 제이드가 공원에서 놀거나 안나가 부활절 달걀을 집어 바구니에 넣는 모습을 비디오로 찍는다. 그런 다음 동영상을 유튜브에 올린다. 할머니는 아들이 메일로 보낸 손주의 새 비디오 링크를 클릭만 하면 된다. 손주의 활발하고 생동감 넘치는 짧은 영화를 세계의 다른 지역에서 보는 것은 얼마나 기쁜 일인가!

인터넷을 통해 사진을 보내라. 우리 며느리 매기는 디지털카메라의 사진을 매킨토시로 전송한 다음 셔터플라이(온라인 사진 공유 및 프린트 서비스 제공)에 업로드하고 디지털 앨범을 그룹 전자 메일로 아이의 조부모와 이모, 삼촌 모두에게 보낸다. 보통은 생일이나 다른 이벤트가 끝나고 1~2주 후에나 사진을 보는데, 바로 당일의 사진들을 보고 마음에 드는 사진을 인화할 수 있다.

그레이스의 첫 생일

우리는 첫아이가 태어나기 4개월 전에 영국에서 텍사스로 이사 왔다. 친정 부모님은 매우 안쓰러워했다. 남편은 영국군에 있었기 때문에 우리는 선택의 여지가 없었다. 우리는 수천 마일의 격차를 해소할 수 있는 방법을 찾아야 했다.

결국 우리는 기술 발전과 스카이프(Skype)라는 인터넷 전화 프로그램에 의지했다. 이것은 우리 가족이 연락하는 방식에 혁명을 일으켰다. 친정엄마는 나의 배가 불러 오는 것과 내가 잘 지내는 것을 지켜보았다. 친정 부모님은 손녀 그레이스를 태어나자마자 바로 볼 수 있었고 그 이후로 손녀와 이야기하고 있다.

그레이스의 첫 번째 생일에 한 스카이프 통화 상대는 선물을 열 때 유아만이 일으킬 수 있는 반응을 지켜본 시부모였다. 시부모는 손녀를 위해 보낸 세발자전거 선물 박스를 무시하다가 아들이 조립해 주니 그때야 기뻐하는 그레이스를 보았다. 그러고 나서 아들이 손녀를 세발자전거에 태워서 방에서 밀어 주면 기쁨에 넘친 미소를 짓는 것을 보았다.

나중에 친구들이 축하해 주려고 모였을 때 인터넷으로 부모님에게 전화를 걸어 벽난로에 노트북을 조심스럽게 올려놓고 집 안의 전경을 보게 해 드렸다. 파티에 온 모든 사람이 부모님께 다가와서 "안녕하세요."라고 했다. 부모님은 그레이스가 촛불을 부는 것도 보았다.

다음 날 엄마에게 인터넷을 통해 파티에 '참석'한 감상이 어땠냐고 물었다.

"오! 데브! 그레이스의 생일 파티에 참여할 수 있어서 매우 기뻤어. 우리는 마치 방에 함께 있는 것처럼 모든 걸 정확히 보고 들을 수 있었어. 우리는 파티에 함께 참여할 수 있었어. 모든 손님과 아이들도 지켜볼 수 있었어. 우리가 8,000㎞나 떨어져 있었지만 손녀에게 말하고 그 애 말을 들을 수 있다는 게 믿어지지 않아. 그레이스가 너무 흥분해서 말을 많이 하진 않았지만, 다른 나라의 특별한 행사에 참석할 수 있어서 정말 좋았어!"

그레이스는 웹캠 덕분에 조부모를 알아보고 우리가 원할 때마다 조부모와 서로 연락할 수 있다. 그리고 웹캠에서 '작은 거미(영어 동요)'도 한다! 이 기술은 우리 가족의 삶에 커다란 변화를 가져왔다.

— 데브 해켓

함께 인터넷 게임을 하라. 구글의 '인터넷 게임'에서 체커, 체스, 카드 게임을 찾아보라. 전략 게임, 교육용 게임, 오락용 게임을 장거리에 사는 손주와 함께 즐길 수 있고, 십 대들과 소통할 수도 있다.

손주가 단어를 잘 안다면 인터넷의 낱말 맞추기 프로그램을 사용하여 손주가 원하는 대로 낱말 맞추기 게임을 만들 수 있다. 게임의 단서는 다가오는 휴가 계획, 손주가 좋아하는 것, 함께한 특별한 시간, 추억, 좋아하는 활동이 포함될 수 있다.

당신의 여행이나 일상생활을 비디오나 CD에 담아 편지와 함께 보내 손주를 놀라게 하라. 비디오를 내장한 카메라로 영화를 만들어 인터넷을 통해 보낼 방법을 생각해 보라. 아이팟 크기의 아주 작은 플립 비디오카메라로 최대 60분짜리 비디오를 찍을 수 있다. 카메라에는 컴퓨터에 직접 연결되는 USB 포트가 내장되어 있어서 소프트웨어로 비디오를 즉시 이메일로 보낼 수 있다. 조부모는 손

우리는 호주에 살아서 미국 텍사스주 휴스턴에 있는 손주들과 연락하는 것이 어려웠지만 이용할 수 있는 모든 기술을 활용하여 소통했다. 첫째로 우리가 가장 좋아하는 '도구'는 인터넷을 사용하는 전화기이다. 호주 퍼스에서 무선 전화기 세트로 휴스턴으로 전화를 할 수 있다. 이 도구는 손주와의 의사소통의 양과 질을 표현할 수 없을 정도로 높여 주었다. 나는 손주들에게 매일 전화를 할 수 있으며 자주 이용한다. 내 딸들은 휴대전화로 자유롭게 나에게 전화를 할 수 있다. 우리는 손주와 통화를 하면서 시계를 보거나 국제 전화 통화 요금을 걱정하지 않고 모든 이야기를 자세하게 주고받을 수 있다. 우리는 앉아서 아기가 속삭이는 소리와 까르르 웃는 소리를 듣고 두 살짜리가 뒷마당의 개미에 관하여 이야기하는 것을 듣는다. 오직 신경을 써야 할 부분은 전화를 걸기에 적절한 시간을 찾는 것이다. 15시간의 시차가 있어서 까다롭긴 하지만 할 수 있다.

손주와 너무 멀리 떨어져 있는 동안 긴밀한 관계를 유지하고 싶은 간절함으로 가슴에 깊은 상처를 받을 때가 있다. 요즘에는 통신 기술을 활용하여 손쉽게 소통할 수 있다. 손주와 멀리 떨어져 사는 조부모에 대한 나의 충고는 빨리 최신 기술에 능숙해지라는 것이다.

— 데니스 글렌, "MotherWise"의 창시자. 《어머니를 위한 지혜》의 저자

주들의 비디오 클립(홍보용으로 짧게 제작한 비디오)을 정기적으로 받아 볼 수 있다. 그런 다음 전화를 통해 아이들과 클립에 관해 이야기를 나누며 소통하면 좋다.

문자 메시지는 휴대폰을 사용하는 십 대 손주에게 좋다. 십 대 이전 아이들도 휴대전화를 지니고 있는 경우가 많다. 이런 점은 최신 기술에 능통한 바쁜 조부모에게 아주 좋다. 왜냐하면 세계 어디서나 휴대전화로 "나는 너를 생각하고 있어.", "나는 너를 사랑해.", "나는 너를 만나기를 기대하고 있어."라고 문자 메시지를 보내거나 짧은 메시지를 보낼 수 있기 때문이다.

조부모와 함께 있을 때라도 손주의 휴대전화를 끄도록 요청해 보라. 다행히 수긍하면 가족 이야기를 하라! 손주들에게 조부모의 진정성을 보여 줌으로써 얼굴을 맞대고 하는 대화가 얼마나 재미있는지 알게 해 주는 기회가 된다.

우리 가족의 웹 페이지 또는 블로그. 온 가족의 웹 페이지 또는 블로그를 만들 의향이 있다면 기술에 능숙한 십 대 손주들에게 도움을 요청하라. 멀리 떨어져 있어도 가족 웹 페이지를 만들 수 있다. 그런 다음 젊은 세대와 나이 든 사람 모두에게 뉴스, 이야기 및 사진을 올리도록 요청하라.

휴대전화로 함께하기

전화 통화는 항상 좋은 연결 방법이다. 오이다 필립스의 모든 성인 자녀들은 같은 통신사를 이용한다. 추가 요금(매월 약 5달러)을 조금 내면 매월 무제한 통화 및 무료 통화가 가능하기 때문이다. 손주들은 부모의 전화로 조부모에게 전화를 걸 수 있다. 쉽게 통화하려고 단축 전화번호 4번으로 할머니를 설정하였다. 오이다는 손주들이 학교에 가기 전에 전화해서 학교생활에 대해 조언을 하고, 아침 식사로 무엇을 먹었는지에 대해 이야기할 수 있다.

어린 손주들은 부모가 하는 것처럼 종종 걸어 다니는 동안 통화한다. 대화 내용은 대부분 자기가 지금 보고 있는 것에 관한 것이다. 아이들은 "할머니, 나는 지금 기차를 움직이는 파란색 엔진을 가졌어." 또는, "이건 거미일 거야. 왜냐하면, 다리가 8개야. 할머니도 볼 수 있어?" 한다. 한번은 손주들의 엄마가 실제로 카메라가 내장된 휴대전화를 들고 나가서 할머니에게 손주가 보는 것을 보여 주었다.

오이다는 아이들이 어디에서 전화를 하는지 전혀 모른다. 때때로 엄마가 식료품 쇼핑을 하는데 아이의 작은 손을 어쩌지 못하고 있을 때나 카트를 끌고 통로를 통과할 때, 할머니에게 전화를 걸어 아이들과 이야기를 나누도록 한다. 오이다는 종종 차 안에서 카시트를 한 상태로 꼼짝 못 하는 손주로부터 전화를 받는다. 오이다는 손

전화로 함께하는 팁

손주를 정기적으로 방문할 수 없을 때는 일주일에 한두 번 전화하는 것이 좋다. 다음은 염두에 두면 도움이 되는 몇 가지 사항이다.

☆ 손주가 전화할 때까지 기다릴 필요가 없다.
　손주들에게 전화하라!

☆ 가족의 일과와 바쁜 일정을 알아 두면 손주가 시간이 있을 때 전화 통화를 할 수 있다. 손주들이 학교에 가기 10분 전이나 축구 연습 시간은 피하라.

☆ 가능하면 손주마다 각각 전화를 걸어 특별함을 느끼게 해 주고 누가 더 많이 이야기하는지를 놓고 다투지 않도록 하라.

☆ 어린 손주들이 말이 없어도 걱정하지 마라. 다만, 당신이 손주들을 얼마나 사랑하는지, 마음에 떠오르는 건 무엇이든지 말하라. 어떤 아이들은 수다스러운 반면에 어떤 아이들은 전화로는 말을 잘 하지 않는다. 그냥 손주들이 무엇을 하고 있는지를 물어보라. 이벤트나 큰 게임 후에는 전화를 걸어 가장 좋았던 일을 이야기해 달라고 요청하라.

☆ 밤에 전화를 걸어 어린 손주들이 좋아하는 자장가를 불러 준다.

☆ 손주들의 부모에게 연락하여 농구 시합이나 다가오는 연극 등 일상생활에서 일어나는 일들을 계속 업데이트하여 알고 있으라.

☆ 아이들이 조부모와 통화할 때, 부모가 조부모의 사진을 전화기 옆에 올려놓으면 어린 손주가 대화를 이어 가는 데 도움이 된다.

주들이 어디에 있든 손주의 달콤한 목소리를 듣는 것을 좋아한다.

아들 포터스가 태국으로 떠나기 전에 할머니는 손주 헌터에게 "안녕, 아기 버팅. 아빠는 사냥하러 갔지."를 반복해서 불러 주었다. 손주들은 캔자스시티에 있는 할머니에게 전화를 걸 때마다 스피커폰으로 해 놓는다. 할머니는 '그들의 노래'를 불러 주고 두 살짜리 헌터는 항상 큰 소리로 웃는다. 조부모와의 전화 통화는 먼 거리를 이어 주는 포옹과 같다.

이메일로 편지 주고받기

이메일을 통해 흥미로운 일을 할 수 있다. 물론 일반적인 메시지를 보내는 것만으로도 특별하다. 손주의 부모와 상의해 합의된 장소에 선물이나 놀라운 일을 숨겨 달라고 요청하여 손주와 숨바꼭질을 할 수도 있다. 이메일로 아이들에게 단서를 보내라.

이메일로 연락할 때, 다음을 기억하라.

메시지를 짧게 유지하라. 짧고 자주 하는 이메일이 장황한 이메일보다 낫다.

손주의 읽기 수준과 주의 집중 시간을 알고 있으라.

다양한 이모티콘과 기하학 모양의 도구를 사용하라. 당신의 메시지를 설명할 수 있는 자신만의 기호를 만들라.

그날 당신이 한 일을 공유하라. 손주들은 당신이 특별한 식사를 했거나 서로 아는 사람에 대하여 듣는 것을 좋아한다.

'예' 또는 '아니요'로 대답할 수 없는 질문을 하고 대화를 시작하는 사람이 되어라. 예를 들어, "좋은 하루 보냈니?"라는 질문 대신에 "오늘 하루 중 가장 좋았던 일과 가장 나빴던 일은 무엇이니?"라고 물으라.

이메일에 사진을 첨부하라. 손주에게도 부모의 도움을 받아서 사진을 첨부하도록 요청하라. 디지털카메라로 사진을 쉽게 추가할 수 있다.

이야기를 만들라. 당신이 상상하거나 이미 알고 있는 이야기를 손주에게 이메일로 보내라. 손주는 그 이야기에 에피소드를 추가한 다음 다른 주(州)에 사는 손주에게 이메일을 보내 자신만의 상상력으로 이야기를 만들도록 한다. 당신의 모든 손주에게 이야기를 계속 전달할 수 있다. 이야기가 끝나면 모든 사람이 결론을 볼 수 있도록 그룹 전자 메일로 공유하라.

손주들이 보내는 이메일은 우리가 손주들을 격려하는 만큼 우리를 격려할 수 있다. 셜리 우츠가 암 진단을 받고 화학 요법을 시작했을 때 셜리의 열 살 된 손자 헌터의 이메일은 큰 지지와 응원의 원천이 되었다. 헌터는 셜리가 치료하는 동안 계속 메일을 보냈다. 헌터의 첫 번째 이메일은 헌터가 얼마나 할머니를 사랑하는지 알려 준다.

〰〰〰〰〰〰〰 안녕하세요, 오주스 할아버지 할머니.

헌터입니다. 내가 어떻게 할머니의 전자 메일 주소를 얻고 나의 메일 주소를 갖게 되었는지 궁금하지요? 글쎄, 아빠가 나에게 이메일 주소를 만들어 주었고 할머니의 메일 주소를 알고 있는 게리 삼촌 메일 주소를 알려 주었어요. 오주스 할머니가 암에 걸려서 안타까워요. 내가 할머니를 위해 기도하고 그림을 그려서 우편으로 보내 줄게요. 꿋꿋이 견디세요. 나는 이것이 힘들다는 것을 알지만, 할머니는 암을 이겨 낼 수 있어요. 할머니를 다시 볼 때까지 기다리기 힘들어요! 난 할머니가 보고 싶어요!

– 사랑하는 헌터가

이런 메시지로 멀리 사는 손주들과 우리의 마음을 이어 주는 놀라운 기술에 감사한다.

10
사진과 추억 앨범을 통해 함께하기

가족 얼굴은 마법의 거울이다.

우리에게 속한 사람을 쳐다보며 우리는 과거, 현재, 미래를 본다.

우리가 누구인지 발견한다.

— 게일 루넷 버클리

캘리포니아의 어느 할머니는 미시간주에 살고 있어 자주 볼 수 없는 두 손주와 연락하는 방법을 찾았다. 손주들의 엄마는 아이들이 학교와 스포츠 클럽에서 무엇을 하는지 스크랩북을 만들어 할머니에게 보낸다. 할머니는 그다음 달이나 비슷한 시기에 손주에게 자신의 인생에서 벌어지는 일에 관한 스크랩북을 보낸다. 때때로 스크랩북에는 남편과 찍은 여행 사진이나 그 계절 동안의 생활에 관한 것이 담기기도 한다. 또한 여행을 다니며 방문한 주(州)나 국가의 지도를 보낸다. 지난가을에는 미국 동부 해안을 드라이브하고 멋진 여행 사진을 보냈다.

이 할머니는 손주들과 같은 주(州)에 살지는 않지만 손주와 친밀한 관계를 맺고 싶어 한다. 스크랩북을 보내는 것은 함께하기를 강력하게 유지하는 좋은 방법임이 입증되었다. 스크랩북은 1년에 4~5번, 파일 하나만 보내면 되기 때문에 시간이 오래 걸리지 않고, 모아서 보는 재미가 쏠쏠하다. 할머니는 부모와 형제자매의 사진, 숙모와 삼촌, 학교, 어릴 때 자란 마을을 포함하여 어린 시절 사진을 한 장으로 정리했다. 그리고 사진 배경에 대한 상세 정보와 날짜 및 사람들의 이름을 써넣었다. 손주들은 추억이 가득한 스크랩북에 감동하여 몇 번이고 다시 보았다.

과거와 현재를 함께하다

사진은 사랑하는 사람들, 특히 손주들과 함께하는 놀라운 방법이다. 나는 평생 사진을 사랑하였다. 다섯 살이었을 때 첫 번째 브라우니 카메라를 가졌고 사진 앨범을 사기 위해 돈을 모았다. 지금도 검은색 페이지와 갈색 커버가 벗겨지고 있는 얇고 낡은 앨범을 가지고 있다. 나는 앨범에 보관된 사진을 소중히 여긴다. 친할머니 허

> 조부모가 지갑에서 아기 사진을 꺼내는 것보다 더 빠른 카우보이는 없었다.
> — 무명씨

스는 때로 본인의 어린 시절과 결혼 초기의 소중한 사진들이 담겨 있는 상자를 보여 주었다. 그 순간이 내게는 정말 달콤한 시간이었다! 내가 앨범 작업 중이라는 것을 안 할머니는 내가 좋아하는 사진을 골라 앨범에 넣게 하였다. 상자에는 한 번도 만난 적 없는 증조부모의 사진, 소년 시절의 아버지 사진, 제2차 세계 대전 당시 군복을 입은 삼촌, 할리우드 스타 시절의 얼린 이모 등 내가 처음 보는 사진이 많았다.

친조부모, 아버지, 이모가 내가 어렸을 때 돌아가셨기 때문에 나는 그 사진들을 소중한 보물로 간직하고 있다. 화살처럼 빠르게 날아가는 세월 속에서 소중한 순간을 포착한 사진을 보며 사랑하는 사람들을 기억하고 싶었다. 그래서 형제, 가족, 친구들의 사진을 계속 찍었다. 자녀와 손주들이 함께 왔을 때 사진 찍기는 얼마나 재미있었던가! 손주가 아기였을 때, "사진 찍기 싫어." 하며 짜증 낼 때도 있었지만, 성인이 된 지금은 내가 자신의 성장하는 모습을 기록해 둔 것을 고마워한다.

막내 손주가 우리 집 주변 풍경 사진에 주목하고 자기 가족이 있는 사진에 반응한다는 걸 알게 되었다. 유아 전문가는 두 살부터 아이들이 액자 사진, 앨범 사진, 집 안에 배치된 사진에 관심을 보인다고 말한다. 아이들은 좋아하는 사진 앨범이나 벽에 걸려 있는 사진을 여러 번 보고 싶어 한다.

알파벳 책: 당신의 삶의 이야기

신시아 후프마이어는 지속해서 손주와 함께하는 가장 좋은 방법이 손주들의 두 번째 생일에 직접 만든 알파벳 책을 선물하는 것임을 알게 되었다. ABC 책은 손주가 알파벳을 배우는 데 도움이 될 뿐만 아니라 조부모와 친척을 알게 해 주는 중요한 열쇠이다. 신시아는 ABC 책 만들기를 즐기며, 손주들과 가족 사이의 관계가 어떻게 구축되어 가는지 지켜보는 걸 좋아한다. 신시아는 사진을 중심에 놓고 가능한 한 경제적이고 간단하게 프로젝트를 수행한다. 정교한 예술 작품을 만드는 것이 아니라 손주들의 어린 시절 이야기를 시간순으로 기록하고 ABC를 배울 수 있도록 돕는 것이 목표이기 때문이다.

신시아의 방법을 살펴보자.

먼저 종이 상자를 준비한다. 가족 모임에서 모든 가족 구성원이 손주와 함께 사진을 찍도록 한다. 알파벳 책에 사용할 사진들을 상자에 보관한다.

책을 시작하면 A에서 Z까지 26개의 흰색 용지를 바닥에 펼친다. A의 경우 손녀 홀덴과 A로 시작하는 이름을 가진 숙모와 다른 친척들의 사진으로 채운다. 신시아는 홀덴이 좋아하는 과일인 apple(사과)과 'A'로 시작하는 단어의 사진을 추가한다.

B의 경우는 삼촌인 Barrett(바렛), balloon(공), bike(자전거),

basketball(농구) 사진을 넣는다. 사진 아래에 이름을 쓰고 어떤 행사인지 적는다. H의 경우 가족 이름(Huffmyer)이 시작하는 알파벳이므로 남동생과 미끄럼을 타며 장난치는 모습 등 가족들과 좋아하는 일을 하는 사진을 넣는다. 그리고 가족사진도 H에 넣는다.

N은 손주들이 할머니를 부르는 이름인 '나니'를 위한 페이지이다. 그래서 홀덴이 잠옷을 입고 할머니와 함께하는 사진들을 넣는다. O 페이지에는 오클라호마 주립 대학교 복장을 한 홀덴과 오클라호마 대학 치어리더 복장이 있다. Q에는 여왕 놀이를 하면서 왕관을 쓴 홀덴 사진이 있다. S 페이지에는 홀덴과 산타의 사진이 있다. U 페이지에는 우산을 들고 있는 홀덴과 물구나무선 사진이 있다. V에는 휴가 사진이 있다. Y에는 홀덴이 아이스크림을 먹는 사진 아래에 'Yum, yum(냠냠)'이라는 단어가 쓰여 있다. Z에는 실제 지퍼와 홀덴이 동물원에서 동물들을 보는 사진이 있다.

> 사진은 당신 삶의 이야기를 해 준다.
>
> — 무명씨

모든 페이지에 사진을 붙인 후에는 표지용 컬러 배경 용지를 꺼낸다. 손녀들 책에는 물방울무늬와 화사한 배경의 핑크, 손자들 책에는 파랑, 빨강 및 초록색을 쓴다. 첫 번째 페이지는 '행복한 두 번째 생일'로, 색종이, 풍선 스티커와 손주의 사진이 있다. 페이지마다 배열된 사진과 어울리는 색지를 쓴다.

신시아는 한 해 동안 손녀들을 위해 나비와 꽃 스티커를, 손자들을 위해 기차와 소방차 스티커를 수집한다. 손주마다 좋아하고 애착을 갖는 것이 다르다. 테이트는 스누피를 좋아해서 스누피 인형과 스누피 스티커를 붙여 준다. 로슨은 미키 마우스를 좋아하므로 미키의 스티커로 일부 페이지를 장식한다. 신시아는 CD 표지나 과일 스낵 상자에서 손주들이 좋아하는 슈렉과 니모 같은 캐릭터를 구한다. 비싼 걸 사지 않고 다채로운 그림을 얻는 좋은 방법이다!

신시아는 사각형 스크랩북 접착제 또는 무산성 접착제로 사진을 붙인다. 그런 다음 각 페이지에 7.6㎝ 높이의 알파벳 문자를 붙인다. 때로는 사진 주위의 불필요한 부분을 잘라 내기도 한다.

손주들은 ABC 앨범을 받으면 사진 보는 걸 좋아하는데 할머니나 부모가 같이 보며 읽어 준다. 앨범은 손주들이 알파벳을 배우는데 도움을 주지만, 궁극적으로는 조부모를 비롯해 가족과 함께하는 더 큰 목적에 기여한다.

사진 및 추억 앨범을 통해 손주와 함께하기

손주를 당신 집으로 데려와라. 조부모 사진이나 당신과 손주가 함께 찍은 사진을 액자에 넣어라. 손주가 떠날 때 가져가라고 주거나 손주의 집을 방문할 때 손주의 침대 옆 테이블에 놓는다.

한 할머니는 손주가 멀리 살아서 보고 싶을 때 바로 만날 수 없었다. 그래서 딸에게 할머니와 할아버지의 큰 사진을 보내서 기저귀 교환대 근처에 두도록 했다. 아기는 기저귀를 갈 때마다 조부모의 사진을 보았기 때문에 조부모의 얼굴에 친숙해졌다.

셰리 피터는 남편과 같이 태국의 한 국제 학교 선생으로 일하러 떠나기 전에 손주 오드리와 사진을 찍었다. 셰리는 부드러운 천으로 만든 액자에 사진을 넣어 오드리에게 주었다. 어느 날 밤 잠자리에서 셰리는 오드리에게 말했다.

"이건 할머니와 할아버지가 너와 잠자는 방법이야. 너는 그냥 잠자리에 누워서 너와 함께 있는 우리를 보면서 얼마나 즐거웠는지 기억해라. 그런 다음 태국에서 일하는 우리를 위해 기도하고 베개 아래에 사진을 넣으면 우리는 너와 함께 자는 거야!"

셰리와 남편이 태국에 도착했을 때 딸은 이메일을 통해 그들이 떠난 후 첫날 아침에 무슨 일이 일어났는지 알렸다. 크리스티는 딸의 잠자리를 정리하다가 베개 밑에서 액자 사진을 발견했다. 크리스티는 눈물을 흘렸고, 셰리도 이메일을 읽으면서 울었다. 한동안 오드리는 조부모와 함께 '자는 것'을 좋아했다.

누가 당신을 사랑하는지 알아내라. 굳이 사진 책을 직접 만들 의향이 없다면 아기용품점에서 이미 만들어진 사진첩을 살 수 있

알파벳 책 용품

공예품점이 반값 판매를 할 때 재료를 눈여겨본다. 대형 할인점과 문구용품 매장에서도 물품을 찾을 수 있다.

☆ 흰색 종이 테이프

☆ 손주가 가족과 반려동물과 함께 찍은 사진과 활동에 참여한 사진

☆ 풍선, 동물, 좋아하는 만화 캐릭터, 공주, 소방차 등의 스티커 시트

☆ 크기가 크고 색상이 화려한 기본 문자들

☆ 사진을 보호하기 위한 무산성 접착제 또는 스크랩북 접착제

☆ 다채로운 스티커

☆ 사진을 보호하는 라벨링 펜

☆ 가위

다. 나는 종종 '베이비 샤워(출산을 앞둔 임신부에게 아기용 선물을 주는 파티)' 선물과 함께 이 사진첩을 준다. 이러한 사진첩은 아기가 안전하게 씹을 수 있을 만큼 부드러우므로 젖니가 나는 아기에게 아주 좋다. 그리고 가족들 사진을 이 사진첩에 끼워 주면 아기가 조부모와 자신을 사랑하는 사람들의 얼굴을 알아볼 수 있도록 도와준다. 태국에 있던 셰리는 사진을 찍어 커다란 보드 판에 붙이고 래미네이트(투명 포장 막)를 입혔다. 그리고 미국에 있는 한 살짜리 손자 헌터에게 우편으로 보내서 사진을 보게 했다.

> 인생은 세부적인 사항까지 조명이 비춰지고 영원히 기억되는 것이 아니다. 사진이 그렇다.
>
> — 수전 손택

냉장고 갤러리. 손주들은 우리 집에 오면 부엌으로 가서 간식을 먹고 냉장고 문에 붙어 있는 그림들을 본다. 자기 사진이나 내가 추가한 새로운 사진을 찾아본다. 특히 아기였을 때 사진과 손주들이 '사촌 파티' 때 함께 찍은 우스꽝스러운 사진을 좋아한다. 당신 손주의 사진이 냉장고에 붙어 있는지 확인하라! 냉장고 컬렉션이 정돈되어 보이도록 하려면 자석 액자에 사진을 넣을 수 있다.

자석 사진. 손주와 반려동물의 사진을 보여 주기 위해 냉장고 자석을 만들 수 있다. 그것을 손주들 집의 냉장고에 붙이게 할 수도 있다. 자석을 사서 사진 뒷면에 붙이면 된다. 자석은 크기가 다양하고 가격도 저렴하다.

조부모 사진으로 퍼즐을 만든다. 할머니와 할아버지의 사진을 큰 사이즈로 인화해, 접착제나 접착 테이프를 사용하여 판지에 붙인다. 판지 뒷면에 연필로 퍼즐 모양을 그린 다음 잘라 낸다. 손주가 어리면 퍼즐 조각을 크게, 나이가 좀 있으면 작게 자른다. 퍼즐 조각을 "누가 너를 사랑한다고 생각해? 퍼즐을 맞추면 알 수 있어!"라고 적은 봉투에 담는다.

사진 달력. 손주와 함께 찍은 사진을 이용해 달력을 만들 수 있다. 손주들에게 크리스마스와 생일 선물로 주어라. 손주들은 달력을 게시판으로 활용하고 당신 집을 방문할 날짜와 당신이 손주의 집으로 여행할 날짜를 표시할 수 있다.

손주가 직접 만든 추억 책. 나이 든 손주는 추억 앨범을 스스로 만들고 싶을지도 모른다. 어느 해 여름, 여덟 살 손녀 케이틀린이 우리 집을 방문했을 때 오클라호마 시립 동물원에 데려갔다. 나는 케이틀린에게 디지털카메라를 주면서 "네가 좋아하는 동물과 장면을 찍어라."라고 했다. 케이틀린은 사진 찍는 걸 좋아했다. 나는 케이틀린에게 작은 공책을 주고 좋아하는 동물의 이름과 나중에 책에 넣고 싶은 것도 쓰도록 했다.

7월의 어느 날, 우리는 동물원 주변을 걷고 기차를 타고 동물들에 관해 이야기하고 간식을 먹으며 즐겁게 지냈다! 케이틀린은 홍학, 줄무늬 호랑이, 꼬리로 매달려 있는 원숭이, 특이한 나비, 곡예 하는 물개 사진을 찍었다.

집에 돌아와서 식탁 위에 플라스틱 천을 깔고 추억 책을 만드는 데 필요한 모든 것을 펼쳐 놓았다. 흰색의 작은 양장본 노트, 다양한 색의 종이, 접착제나 접착 테이프, 가위 및 휴대용 사진 프린터 등이다. 내가 사진 프린터로 사진을 인쇄하는 동안 케이틀린은 책을 디자인하고 표지를 그렸다. 케이틀린은 사진을 멋지게 배치하며 각 페이지에 하나씩 붙여 나갔다. 그런 다음 사진 아래에 동물의 이름과 내용을 썼다.

그날 저녁 케이틀린의 엄마 아빠가 데리러 왔을 때, 동물원에서 찍은 우리의 추억을 세인트루이스로 가져가기 위한 준비가 끝나 있었다!

빨리 만드는 미니 앨범

미니 앨범은 한 번 방문으로 1년 동안이 아닌 1주일 동안의 사진을 찍는 소규모 프로젝트이기 때문에 가능하다. 나는 하와이로 조세핀을 방문했을 때나 조세핀과 여동생 루시가 밀워키로 왔을 때 손주들을 위해 미니 사진 앨범을 만들어 주었다. 나는 케이틀린과 칼렙이 세인트루이스에 살 때나 우리 집을 방문했을 때도 미니 앨범을 만들어 주었다. 나는 시간이 나는 대로 설명 문구, 제목, 스티커를 추가하였다.

손주와 함께 스크랩북 만들기

스크랩북 만들기는 세대를 하나로 모으고 마음과 추억을 함께 담을 수 있다. 손주들이 방문하거나 가족 모임이 있을 때 과거와 현재의 사진들, 신문 스크랩, 오래된 가족 편지들, 기념품 등을 큰 테이블에 올려놓아라. 상자나 쇼핑백 등에 모아 두었던 스크랩북 자료, 고무도장, 스티커 같은 재미있는 추가 물품을 꺼내 놓는다.

다음은 스크랩북 만들기를 위한 몇 가지 팁이다.

☆ 작게 시작하라. 한 번에 전체 앨범을 하려고 하지 마라. 몇 페이지만 완성하는 것을 목표로 하라.
☆ 사진을 연도, 공휴일 또는 특별 행사로 분류하여 지퍼백에 담아라.
☆ 각 페이지의 주제를 정하라.
☆ 사진을 자르되 옛날 원본 사진은 복사본을 만들어 사용하고 오래된 사진은 보존하라.
☆ 스토리텔링에 도움이 되도록 제목, 날짜, 사람 이름 및 설명을 추가하라.

손주와 멀리 떨어져 사는 경우, 삶을 손주와 공유하고 서로 연락을 유지해 가는 방법으로 미니 앨범 만들기는 아주 좋은 프로젝트이다. 사진을 포함한 자신만의 공예품을 창의적으로 생각해 내라!

11
예술과 공예를 통해 함께하기

깔끔한 게으름보다
창의적인 혼란이 더 좋다.

― 무명씨

캐시 칼슨은 매년 손주들이 방문해서 할 수 있는 모든 준비가 되어 있는 공예 프로젝트를 가지고 있다. 유아부터 십 대까지 손녀 다섯과 손자 한 명이 큰 테이블에 둘러앉아 각자 작업을 한다. 어느 해에는 손주들이 매듭공예와 구슬로 우정의 팔찌를 만들었다. 다른 해에는 술이 달린 양털 담요를 만들고, 추리닝 상의에 그림을 그리고, 십자수를 완성해서 액자에 넣고, 투명한 유리 장신구를 칠해서 보석류를 만들었다. 손주들이 1년 동안 함께 만든 커다란 몸 베개는 바닥에 누워서 TV를 볼 때나 침대에 파묻혀 숙제할 때 즐겨 사용하였다.

아이들은 손을 바쁘게 움직일 때 더 개방적이고 편안함을 느낀다. 손주들은 매듭의 술을 묶거나 목걸이를 만들기 위해 구슬에 색칠하면서 학교생활, 친구들, 특이한 일에 대해 서로 이야기를 나눈다. 할머니나 할아버지도 실수할 수 있음을 손주들에게 보여 줄 수 있는 좋은 시간이다. 손주들은 할머니는 절대 실수하지 않을 거라며 받들어 모시는 경향이 있다. 캐시는 코바늘 뜨개질이나 바느질을 하다가 실수를 하면 손주들에게 바로 알려 준다. 그래서 실수에 대하여 웃을 수 있고 잘못을 바로잡고 화를 내거나 좌절하지 않는 모습을 볼 수 있도록 한다. 이것은 훌륭한 교훈을 주는 자세이다. 캐시가 고친 공예 창작품을 전시함으로써 불완전한 바느질 또는 붓놀림조차도 공예의 독특한 일부가 된다는 걸 알려 줄 수 있다. 이런 방식으로 실수를 처리하는 것은 손주들이 학교생활, 스포츠, 일상생활에서 실행할 수 있는 중요한 교훈을 준다.

더 많은 공예 프로젝트에 참여하고 싶어 하는 아이도 있고, 별로 관심이 없는 아이도 있다. 그러나 새로운 것을 시도하고, 함께하고, 새로운 것을 배우는 기회는 선물이다.

오늘날 아이들은 너무 바쁘다. 빽빽하게 짜인 일정을 소화하느라 공예품을 만들 시간도, 의향도 없다. 하지만 조부모 집에서 이런 프로젝트에 참여함으로써 아이들이 매년

> 그것은 망친 것이 아니다. 예술 작품이다.
>
> ― 무명씨

기대하는 걸 보면 프로젝트의 효과는 입증되었다고 생각한다. 프로젝트를 주관하는 할머니는 커다란 자부심을 느낀다. 손주들은 침실의 선반에 자신의 공예품을 전시하고, 바디 필로우와 양털 담요를 대학교까지 가지고 간다. "내가 이것을 만들었어."라고 말할 수 있는 것만으로도 기쁨이다.

까다롭게 고르라!

이런 일은 한 번의 방문이나 한 번의 행사로 끝나지 않는다. 조부모 집이나 손주네 집을 방문할 때, 휴일 모임 또는 사촌 캠프를 할 때 프로젝트를 선택할 수 있도록 한다. 이 장에서 몇 년 동안 할 수 있는 충분한 아이디어를 찾을 수 있다. 프로젝트를 행할 때 모든 것에 능숙할 필요는 없다. 나는 예술적 재능이 없고, 코바늘 뜨개질 하기가 어렵다. 그러나 컬러링북 색칠하기는 그런대로 할 수 있다!

일단 시작해서 손주들에게 어떤 창의력을 불러일으킬 수 있는지 살펴보자. 우선은 예술품과 공예용품을 모아야 한다. 작게 시작하고, 용품을 파는 곳을 찾아보고, 손주들의 성장 과정에 따라 일부 재료를 추가하면 된다.

손주와 함께하는 공예품 만들기 팁

캐시 칼슨이 수년간 손주와 공예를 하면서 배운 몇 가지 유용한 팁이다.

재료를 미리 확보하라. 프로젝트에 필요한 재료를 키트에 넣어 손주들이 사용할 수 있도록 준비하라. 큰 지퍼백에 필요한 걸 모두 넣어 두면 프로젝트를 쉽게 수행할 수 있다.

손주들이 볼 수 있도록 완성품을 전시하라. 먼저 공예품을 만들어 보면, 과정 중 어려운 지점을 미리 알 수 있어 손주들이 작업할 때 도움을 줄 수 있다. 그리고 작업을 시작하기 전에 완성품을 보면 공예품 만들기에 동기 부여가 된다.

프로젝트에서 패브릭을 사용하는 경우 손주가 도착하기 전에 원하는 색상과 패턴을 미리 물어보아라. 또는 가지고 있는 것 중에서 좋아하는 것을 고르게 하라.

완벽하게 하려고 하지 마라. 중요한 것은 프로젝트가 아니라 과정이라는 것을 기억하라. 완벽한 공예품을 만드는 것보다 공예품을 만드는 과정에서 느끼는 즐거움과 만족감이 중요하다. 실수를 어떻게 처리하는지 손주에게 보여 주라. 손주들이 좌절하거나 꽉 막혔다고 생각할 때 포기하는 대신에 어떻게 잘못을 고치고 계속하는지 보여 주라.

재미있게 하라. 사촌들과 나누는 대화를 즐기게 하라. 공예품을 완성하는 것보다 손주와 함께하는 것이 중요함을 기억하라.

창의성을 위한 재료 준비

오클라호마의 도예가이자 예술가인 다이앤은 우리가 아이들에게 재료와 작업할 수 있는 장소를 주고 엉망진창으로 만들어도 꾸짖지 않으면 아이들은 재료를 사용하여 무언가를 창조하거나 그림을 그릴 수 있다고 말한다.

친구 앤은 손주를 위해 오랫동안 예술과 공예품 재료를 체계적으로 준비했다. 앤은 모든 것을 한 번에 구하

> ### 엄마의 손주는 18명
>
> 우리 엄마는 손주 모두와 매우 잘 지낸다. 엄마는 몇 년 동안 일주일에 한 번 손주들에게 예술을 가르쳤다. 엄마는 카드 게임용 탁자를 설치하고 아래쪽에 종이를 테이프로 붙였다. 손주들은 모두 누워서 '천장'에 그림을 그리는 미켈란젤로가 되었다.
>
> — 줄리 밀러

지는 못했지만 할인해서 판매할 때 조금씩 샀으므로 그다지 큰 비용을 들인 건 아니었다. 앤은 공예품 막대, 스티로폼 상자, 리본 조각 같은 일반 생활용품을 수집한다. 무료 축하 카드와 스티커는 앤이 참여하는 자선 단체와 기관이 보내 주는 봉투 속에 들어 있다.

앤은 투명 플라스틱 서랍 세트를 구입해서 각 칸에 미술 및 공예 재료를 정리했다. 앤의 쌍둥이 손자들은 할머니 집에 올 때마다 무언가를 만들고 그림 그리기를 원했다.

다음은 앤이 예술 및 공예를 위해 수집하는 몇 가지 항목이다.

☆ 공예품 막대기와 이쑤시개
☆ 가는 못
☆ 새, 동물, 계절 관련 스티커
☆ 자
☆ 어린이 가위
☆ 스테이플러
☆ 고체 풀
☆ 오래된 사진들
☆ 수채 그림물감 세트와 수용성 템페라(안료에 달걀노른자와 물을 섞음) 그
　림물감
☆ 파이프 청소 도구, 깃털

☆ 우표와 잉크대

☆ 크레용, 마커, 색연필

☆ 작은 그림 붓과 스펀지붓

☆ 유포(油布: 물기가 스며들지 않도록 한쪽에 기름 막을 입힌 천(과거엔 주로 식탁보로 쓰였음)) 테이블 보

☆ 종이: 판지와 마닐라지(갈색의 질긴 종이) 대형 팩 1개, 편지지 크기 팩 1개, 오래된 벽지 샘플, 백지 롤 큰 것

☆ 키친타월, 화장지 롤, 긴 갈색 선물 포장지: 이것들은 야광 봉부터 요정의 지팡이에 이르기까지 무엇이든 만들 수 있음.

공예 테이블

내가 손주를 위해 수집한 미술 재료들은 손주들이 방문을 끝내고 돌아간 후 수납장, 햇볕 잘 드는 베란다 책상, 부엌 조리대에 흩어져 있었다. 나는 올봄, 손주의 공예 테이블을 일정 장소에 놓아두기로 했다. 먼저, 꽤 낡았지만 다리가 튼튼한 테이블을 노란색 식탁보로 덮고, 작고 투명한 수납통을 사서 재료를 보관하였다. 파이프 청소 용구, 마커를 각각 다른 서랍에 넣고, 어린이용 가위와 테이프 및 스테이플러들도 다른 서랍에 넣었다. 한 수납장에는 작은 갈색 종이봉투, 단추, 실, 깃털, 스팽글, 인형 제작용 직물 조각

을 보관해 두었다. 인형 눈알과 작고 다양한 색깔의 꽃술, 판지, 공책과 그림물감도 마련했다. 손주들이 좋아하는 그림을 그리거나 만들기를 할 수 있도록 테이블 위에 공간을 남겨 두는 것도 잊지 않아야 한다.

나는 때때로 손주들과 함께 그림을 그렸다. 어떤 때는 손주들 스스로 프로젝트에 참여하였다. 다섯 살 된 루크는 종이 자르는 걸 좋아한다. 루크는 오렌지색, 녹색 및 옅은 노란색 판지를 다양한 모양으로 잘라서 다채로운 콜라주(색종이나 사진 등의 조각들을 붙여 만든 그림)를 만들었다. 손주들은 아무 때나 공예 테이블로 가서 색칠하거나 그림을 그리거나 무언가를 창조한다. 나는 손주가 만든 것을 부엌 창턱이나 냉장고에 전시한다.

이번 주에는 노아와 루크가 찾아 와서 공예품 재료를 보았다. 집 안이 한동안 조용하더니, 노아와 루크가 우리에게 공작품을 보

> 나는 항상 내 집에서 손주들이 자기 집에서는 하기 어려운 특별한 일, 예를 들면 그림 그리기, 찰흙 작업, 스크랩북 만들기, 장신구 만들기 등을 할 수 있도록 장소를 마련해 두었다. 손주들은 그 장소를 온전히 자기들 것으로 생각한다! 나는 작년에 여덟 살짜리 손녀와 함께 여행을 마친 뒤 사진을 프린트하고 손녀가 스스로 스크랩북을 만드는 데 필요한 모든 것을 준비해 주었다. 그러자 손녀는 스크랩북을 이용하여 휴가 이야기를 할 수 있게 되었다.
>
> — 줄리 밀러

여 주러 왔다. 루크는 집을 만들어 밝은색 꽃술을 붙이고 색칠을 한 뒤 '크리스마스 불빛으로 장식된 집'이라고 말했다. 노아는 꽃으로 그린 표지판을 만들었다. 케이틀린은 햇빛 가리개 모자를 스티커 꽃으로 장식하고 자기 이름을 썼다.

나는 손주들이 만들어서 전시한 그림과 콜라주를 아이들 각자의 서류철에 보관하고 있다.

여러분의 '할머니의 공예품 서랍'에는 아이가 무언가를 창조하도록 영감을 줄 수 있는 잡동사니를 잔뜩 모아 두도록 하자.

예술과 공예에 관심이 없지만 손주와 함께 있을 때 프로젝트를 하고 싶다면, 인터넷을 뒤져서 정보를 얻을 수 있다.

값싸고 다양한 예술 활동 아이디어

손주와 함께 예술 창작을 하는 것은 손주의 발달 과정에 직접 참여하기 때문에 손주들과 긍정적인 관계를 형성할 수 있다. 조부모는 즐거운 시간을 보낼 수 있을 뿐만 아니라 손주들의 창의력, 눈과 손의 협응력 및 운동 발달을 키우는 데 도움을 줄 수 있다. 다음은 당신이 시작하는 데 도움을 주는 몇 가지 아이디어이다.

명예의 벽. 크고 넓은 종이에 크레용과 마커로 여름 장면, 공룡, 괴물, 재미있는 사람들을 그리도록 한 다음 벽에 건다.

구슬 놀이를 즐겨라. 너무 어려서 구슬을 삼킬까 봐 염려되는 아이를 제외하고, 나이가 든 아이들은 값싼 것부터 멋진 것까지 모든 종류의 유리구슬을 활용할 수 있다. 간단한 매듭으로 마무리할 수 있는 신축성 있는 플라스틱 구슬 장식 줄을 주어라.

티셔츠 페인트 공방. 수성 패브릭 페인트를 사용하여 손주에게 자신의 티셔츠를 디자인하게 하라. 여럿이 함께 휴일에 모이거나 사촌 캠프를 하는 경우 색상이 같은 티셔츠를 각자의 방식으로 꾸밀 수 있다. 재미있는 홀치기염색(물들일 천을 물감에 담그기 전에 어떤 부분을 홀치거나 묶어서 그 부분은 물감이 배어 들지 못하게 하여 물들이는 방법) 티셔츠 키트가 있다. 독립 기념일 티셔츠는 빨강, 흰색, 파랑의 발포 날염, 스팽글, 반짝이를 사용하여 만드는 재미가 있다. 스펀지를 여러 모양으로 자른 뒤 페인트를 묻혀 티셔츠에 스탬프를 찍는다. 손주들은 레이스, 단추, 리본, 보석 또는 당신이 가지고 있는 모든 것을 붙일 수 있다.

숨어서 놀 수 있는 곳을 만들라. 대형 가전제품 상자를 보관했다가 그림물감이나 마커를 주어 흥미진진한 장난감 집이나 책을 읽거나 숨어서 놀 수 있는 곳을 만들도록 하라. 안에 손전등, 베개,

아주 멋진 예술 자료

☆ 크레파스는 파스텔과 크레용의 조합이다. 어린이는 풍부하고 선명한 색상을 좋아한다.

☆ 찰흙은 저렴하면서도 창의적인 놀잇감이다. 찰흙과 쿠키 틀, 머리카락이나 사자 갈기를 만들기 좋은 갈릭 프레스를 준비해 주면 아이들은 동물, 사람, 집, 천사 또는 괴물을 만들며 재미있게 놀 수 있다. 만약 도자기 굽는 가마를 가진 친구가 있다면 점토 창작물을 구워서 칠할 수 있다.

☆ 포장용 종이 상자 또는 틀은 다양한 용도로 사용할 수 있다. 조개껍데기나 밝은 스팽글을 붙여서 선물을 만들게 하라. 그림 그리기 및 데쿠파주(종잇조각을 오려 붙이는 장식법) 방법도 있다. 독특한 틀이 완성되면 손주가 좋아하는 사진을 선택하게 하라.

☆ 공예품 상점이나 취미용품 가게에 가면 매번 새로운 상품을 찾을 수 있을 것이다. 나무로 만든 새장 조립 세트, '창의적인 성곽 색칠하기' 조립용품 세트로 꽤 오랫동안 집중해서 놀 수 있다.

☆ 어린이 미술용 앞치마보다는 오래된 티셔츠를 구하는 것이 더 저렴하다! 그러면 손주들의 부모가 고마워할 것이다.

☆ 종이접기용 색종이는 새, 동물 등 물건을 접는 데 사용한다. 설명서가 들어 있는 책 형태 또는 작은 패키지로 판매된다.

☆ 반짝이는 접착제부터 화려한 깃털에 이르기까지 새로운 재료가 계속해서 나온다. 늘 관심 있게 살펴보고 손주와 함께 뭔가를 창조하는 순간을 즐겨라.

좋은 책 몇 권을 넣어 두라.

대형 판지 상자를 자르고 강력 접착테이프로 연결하여 터널, 집 또는 요새를 만들 수도 있다. 손주들이 꿈꾸는 방식으로 은신처를 신나게 꾸미도록 내버려 둔다. 그곳에서 책을 읽거나 놀 수 있다.

스탬프 찍기의 즐거움. 고무도장과 물세탁이 가능한 템페라 물감을 사라. 스탬프 표면에 물감을 가볍게 바를 수 있게 작은 발포 고무 그림 붓을 사용하라. 손주들은 그림을 그릴 때, 자신의 선물 포장 또는 축하 카드에 스탬프를 사용할 수 있다.

보도(步道) 화랑. 집으로 들어오는 골목길이나 집 안 주차장 진입로에 나가 크고 밝은 색상의 보도(步道) 분필로 내키는 대로 마음껏 그리게 하라. 손주들을 눕게 한 뒤 보도 분필로 몸 형태를 따라 그려라. 그런 다음 자기 눈, 코, 입, 머리카락, 옷을 그려서 채워 넣도록 하라.

인형 만들기. 자기 인형을 직접 만들게 하라. 단추와 실로 눈과 코, 머리카락을 만들며 종이봉투 인형을 완성할 수 있다. 흰색 접착제로 깃털이나 리크랙(지그재그로 된 납작한 끈. 어린이옷 등의 가장자리 장식용)을 붙여 다듬어라.

낡은 양말로 양말 인형을 만들 수도 있다. 인형 눈알, 머리카락용 실, 직물 조각과 리본을 사용하라. 스팽글을 붙이거나 구슬을 달아 멋지게 꾸며라. 인형이 완성되면 인형극을 해보도록 격려해 주자.

잡지 콜라주. 헌 잡지를 모아 두었다가 손주가 방문할 때 내놓아라. 다양한 색상의 큰 보드 판을 사서 나눠 주어라. 타이머를 30분 이내로 설정하고, 손주들에게 좋아하는 사진을 뜯게 하라. 어린이용 가위를 사용할 수도 있지만 손으로 뜯는 것이 더 빠르고 재미있다. 딱풀로 보드 판에 사진을 붙이도록 하라. 타이머가 꺼지면 모든 사람이 돌아가면서 보드 판에 있는 사진을 선택한 이유를 말하게 하라. 이러한 놀이가 왜 손주들의 관심을 끌까? 쉬운 활동이지만 가장 어린 손주부터 가장 나이가 많은 손주까지 대화에 큰 자극을 줄 수 있기 때문이다. 보드 판을 집으로 가져가 손주들의 방에 걸어 놓게 하라.

조부모가 예술과 공예를 하는 경우

나는 조부모가 예술과 공예에 관련된 일을 하면 손주들도 그 일에 참여하여 함께하는 걸 좋아한다는 걸 알게 되었다. 우리가 찰흙을 사용하면 손주들도 하고 싶어 한다. 크리스마스 장식을 만들거나 그림을 그리고 있으면 손주들은 "나도."라고 한다. 할아버지가 차고에서 나무로 새집을 짓고 있으면 아이들은 망치를 두드리고 싶어 한다.

종이 목걸이 만들기, 도장 찍기, 그림 그리기 등 예술 및 공예는 손주와 함께하고 소통하는 매개체이며 손주에게 창의력을 표현하는 기회를 주는 동시에 즐거움을 준다. 무엇이든 격식에 얽매이지 마라. 완벽함이나 성과를 목표로 삼지 마라. 손주에게 본인이 창조한 것은 자신만의 표현이기 때문에 가치 있고 소중하다는 것을 알게 하라.

12
부엌에서 할머니와 함께하기

삶을 가치 있게 만드는 것은

사랑하고 베푸는 것이다.

— 무명씨

플로시에는 88년 사는 동안 늘 갓 구운 계피롤로 새로운 이웃들을 맞이하였다. 집에서 세 블록 이내로 이사 오는 사람이 있으면 142cm의 자그마한 몸으로 미소를 지으며 친근한 수다와 주변에 맛있다고 소문난 롤을 가지고 이웃에게 인사를 하러 갔다. 플로시에는 너그러운 마음과 조리법을 딸, 손녀, 증손녀 세내에게 전수했다.

세내는 계피롤을 구울 때마다 항상 증조할머니가 빨간 체크 무늬 앞치마를 걸치고 밀가루 반죽을 섞고 치대고 펴던 것을 생각한다. 세내의 증조할머니는 세내에게 군침이 도는 계피롤 만드는 핵심 레시피를 가르쳐 주었다. 플로시에는 자신의 아이들에게 물려준

아름다운 추억과 유산을 만들었다.

누구나 본인만의 고유한 요리법을 하나쯤은 가지고 있다. 당신은 닭고기와 만두 또는 수제 햄버거와 치즈를 잘 만드는가? 당신에게는 간단하고 사소할지 모르지만 손주에게 조리법을 전달하고 만드는 방법을 가르치는 것은 멋진 추억과 가족 역사의 전승이 될 수 있다.

함께하는 요리를 통해 세대를 이어 주다

셰내처럼 많은 사람이 사랑하는 가족을 생각할 때 특별한 음식을 기억한다. 나는 닭고기 테트라지니(크림 소스에 치즈를 듬뿍 넣고 닭고기를 곁들여 오븐에 구운 파스타 요리)를 먹을 때면 고모할머니 베스를 생각한다. 몇 년 전 우리 가족 여덟 명이 일요일 저녁 식사를 하려고 갑자기 고모할머니 베스 집을 방문했을 때 큰 그릇에 닭고기 테트라지니를 만들었다. 나는 남편의 할머니가 매년 부활절에 만든, 작은 닭과 젤리빈으로 장식한 부드러운 에인절 케이크(달걀흰자로 만드는 고리 모양의 케이크)를 기억한다. 또한 남편의 친척 할머니가 만든 쇼트케이크의 비밀 레시피도 알고 있다. 우리는 여름에 이 케이크에 딸기와 생크림을 얹어서 먹는 걸 좋아한다.

음식은 먹는 기쁨 외에도 세대와 세대 사이를 이어 주고 어린이

플로시에 할머니의 계피롤

미지근한 물 ½컵에 효모를 1조각(또는 1개의 패키지 또는 2티스푼) 담가 둔다. 계란 1개를 깨서 따로 놔둔다. 믹싱 볼에 다음을 혼합하여 잘 섞는다.

버터 ½컵   설탕 ½컵   소금 1½티스푼   끓는 물 1컵

혼합물을 식힌 다음 밀가루 1컵을 넣어 저어 준다. 이 혼합물에 다시 효모, 달걀, 밀가루 2½컵을 추가한다. 반죽이 부드러워질 때까지 믹서 또는 나무 숟가락으로 잘 섞는다. 랩으로 덮어 반죽이 두 배로 될 때까지 따뜻한 곳에 둔다.

반죽을 반으로 나누고 밀대로 밀어 ⅓인치 두께의 직사각형 모양으로 펼친다. 위에 녹은 버터를 바르고 계피와 설탕을 반죽이 덮이게 넉넉하게 뿌린다. 반죽을 세로로 단단히 말아 동글납작하게 자른다. 자른 조각을 오븐용 팬에 놓고 버터를 발라서 두 배로 커질 때까지 놔둔다.

180℃로 예열된 오븐에서 15~20분 동안 또는 황금 갈색이 될 때까지 굽는다. 롤을 굽는 동안 롤에 입힐 아이싱을 만든다. 냄비에 다음을 넣고 약불에서 우유를 한 방울씩 추가해 가며 부드러워질 때까지 잘 섞는다.

버터 ½컵   설탕 가루 2컵   바닐라 1티스푼
우유 몇 방울(반죽의 묽기를 맞추기 위해 사용한다.)

오븐에서 롤을 빼내고, 따뜻한 상태에서 아이싱을 발라 준다.

를 가족 역사와 함께할 수 있게 한다. 어린이들은 음식 준비를 도울 때 어른들의 일을 하고 있다고 느낀다. 손주들에게 자신만의 요리책을 사 주고 당신의 부엌에 초대하라.

코니의 손주들은 캔자스와 캘리포니아에 산다. 코니가 무언가를 만들면 집에 놀러 온 손주들이 부엌으로 온다. 아이들은 조리대에 스툴을 당겨 앉아 "돕고 싶어요."라고 한다. 손주들은 초콜릿 칩 쿠키 만드는 걸 가장 좋아한다. 코니는 손주들이 레시피를 보면서 모든 재료를 계량하고 믹서를 사용하고 달걀을 넣는 일을 하도록 한다. 손주들은 그릇 안에 밀가루와 설탕을 넣고 섞는 걸 아주 좋아한다.

엄마는 정신없이 바쁘게 사느라 아이들과 요리할 시간이 거의 없다. 배달 음식을 먹거나 외식하는 일이 일상이다. 아이들을 부엌에 불러들이면 부엌이 엉망진창이 될 수도 있다. 코니는 "나는 내가 엄마였을 때보다 더 큰 인내심을 가지고 있다. 부엌이 엉망이 되는 것도 그다지 괴롭지 않다."고 한다. 그래서 작은 찻숟가락이나 밀가루가 바닥에 떨어져도 크게 신경 쓰지 않는다. 손주들은 실수해도 그것이 세상의 끝이 아니라는 걸 알게 된다. 손주들은 어떻게 재료를 계량하고, 혼합하고, 레시피를 따라야 하는지 배운다. 요리를 하면서 할머니와 손주가 주고받는 대화는 값을 매길 수 없을 만큼 귀중하다.

코니의 손녀 애실린은 캘리포니아에 사는데, 2학년 때 자신과 똑같은 갈색 머리에 안경을 쓴 한 할머니 그림을 그렸다. 애실린은 그림 밑에 "할머니는 특별하고, 내가 가장 좋아하는 일은 할머니와 같이 맛 좋은 쿠키를 만드는 것이다."라고 썼다. 애실린은 현재 열한 살인데, 혼자서 쿠키 굽는 걸 좋아한다.

> 할머니는 설탕으로 감싼 엄마이다.
>
> — 무명씨

함께 요리하는 일은 전혀 어울릴 것 같지 않아 보이는 재료들이 어떻게 맛있는 음식으로 바뀔 수 있는지 알게 한다. 함께 요리하며 좋은 음식에 대한 정보를 공유할 수도 있다. 손주들은 부엌 청소를 도우면서 책임감을 배운다. 내가 만난 아이들은 모두 달걀을 깨고, 섞고, 반죽을 틀에 붓는 것을 좋아하였다. 손주들에게 요리하게 하는 동안 우리는 대화하며 쉴 수 있다.

손주와 함께 만드는 쉽고 기발한 요리법

동물 모양 팬케이크. 아이들은 동물 모양 팬케이크를 좋아한다. 모든 아이디어를 총동원해서 동물 모양의 팬케이크를 많이 만들라. 개는 몸통은 크게 한 숟가락을 떨어뜨리고 머리와 귀는 더 작은 방울로 떨어뜨려라. 거북이는 머리, 귀, 발은 6개의 작은 방울,

길고 가는 꼬리는 큰 숟가락 한 개를 떨어뜨려라. 토끼는 머리와 몸통은 큰 숟가락 2개, 귀는 길게 만들어라. 눈은 건포도 또는 블루베리를 사용하라. 자기가 좋아하는 동물 모양을 스스로 만들어 보게 하라.

오랫동안 먹어 온 음식의 새로운 전환. 라이스 크리스피를 독창적인 조리법으로 만들라. 저온으로 달군 큰 팬에 버터 3스푼을 녹여라. 미니 마시멜로 4컵을 넣고 녹을 때까지 저어라. 불을 끄고 라이스 크리스피를 6개 넣는다. 라이스 크리스피가 반죽에 잘 엉길 때까지 저어 준다. 기름을 두른 쿠키 팬에 얇게 펴 놓는다.

즐거움이 시작된다! 혼합물이 식어 단단해지기 전에 쿠키 커터를 사용하여 하트, 별, 사람 모양의 쿠키를 만들라. 그런 다음 매운 소스, 아이싱을 입히거나 무엇이든 원하는 것으로 장식하라. 식혀서 당일에 맛있게 먹다 보면 순식간에 없어질 것이다!

통나무 위의 개미들. 볶거나 굽지 않고도 건강에 좋은 음식을 만들 수 있다. 손녀 케이틀린이 나에게 가르쳐 준 "통나무 위의 개미"를 소개한다. 셀러리를 씻어서 줄기를 자르고 아이들에게 버터 칼이나 플라스틱 칼을 사용해서 땅콩버터나 크림치즈를 채우도록 하라. 건포도를 '개미'처럼 줄 맞춰서 올린 다음 즐겨라!

행복한 바퀴. 점심으로 먹을 수 있는 알찬 메뉴이다. 키친타월로 여섯 개의 작은 밀가루 토르티야(옥수숫가루나 밀가루를 반죽하여 팬에 구워 만든 멕시코 빵)를 감싸고 30초 동안 전자레인지로 데워라. 마르지 않게 덮어 두라. 담백한 크림치즈를 큰 숟가락으로 떠서 토르티야의 한쪽 면에 바른 뒤 양상추와 함께 얇게 썬 햄을 얹어라. 햄 위에는 크림치즈를 큰 숟가락으로 떠서 얹어라. 통나무처럼 단단히 감아라. 빵칼을 사용하여 토르티야를 3cm 크기로 잘라서 밀폐 용기에 넣고 몇 시간 동안 식혀라. 피크닉을 즐길 수 있는 행복한 바퀴가 되어 준다.

컵케이크 콘. 케이크 믹스를 반죽해서 아이스크림콘에 반 정도 채워라. 머핀 팬에 콘을 세워 20~25분 동안 구워라. 식힌 다음 아이싱을 입히고 장식용 설탕을 뿌린다. 많이 만들어 다른 사람과 나누어라.

ABC 샌드위치. 땅콩버터와 손주들이 좋아하는 잼과 알파벳 시리얼만 있으면 된다. 빵에 땅콩버터와 잼을 바른 다음 아이들이 알파벳 시리얼을 사용하여 샌드위치 위에 이름을 쓰거나 메시지를 쓰게 하라. 아직 글을 쓸 줄 모른다면 원하는 대로 글자를 꽂게 하라!

흙장난을 하라. 초콜릿 쿠키 한 봉지를 부순 다음 지퍼백에 담아라. 조부모가 인스턴트 초콜릿푸딩 패키지 1개를 만드는 동안 손주들은 쿠키 부스러기를 큰 숟가락으로 하나 투명한 플라스틱 컵에 채운다. 5분 동안 식힌 푸딩 안에 생크림 한 통과 쿠키 부스러기 절반을 넣고 저어라. 컵의 4분의 3을 푸딩 혼합물로 채우고 남은 부스러기를 그 위에 얹어라. 1시간 동안 냉장 보관하고 곤충과 개구리 모양 젤리를 위에 얹어라. 그런 다음 손주에게 흙을 퍼먹게 하라!

손주의 이름을 굽고 곰 가족을 만들라. 빵 반죽을 이용해서 쿠키 팬 위에 자기 이름을 만들어서 굽도록 해 보자. 녹은 버터나 달걀물을 발라 주고 계피 설탕을 뿌려 주면 더 맛있다. 180℃로 예열한 오븐에서 15분 동안 구워라. 또한 빵 반죽을 사용하여 가족 각각을 상징하는 곰을 만들어 곰 가족을 만들 수도 있다.

젤리빈 그림. 젤리빈은 질식 위험이 있으므로 3세 이상 어린이와 한다. 판지 한 장을 알루미늄 포일로 싸서 전체에 흰 설탕을 발라 주어라. 아이들이 판지에 젤리빈으로 그림을 만들게 하라. 나중에 먹을 수도 있고 그냥 전시할 수도 있다. 빨강과 초록색 젤리빈을 사용하여 크리스마스에 사용할 수 있다. 독립 기념일에는 빨강, 흰색, 파랑 젤리빈으로 깃발과 불꽃놀이를 표현할 수 있다. 부활절에는 파스텔 젤리빈을 사용할 수 있다.

쿠키 굽기 전통

마리 메이어의 집에는 쿠키 굽기 전통이 있다. 마리의 손주들은 어리고 주의 집중 시간이 짧으므로 미니 초콜릿 프레첼(매듭·막대 모양의 짭짤한 비스킷), 미리 잘라 놓은 설탕 쿠키, 순록 쿠키 등 손자들이 좋아하는 간단한 간식을 만든다. 마리는 손주들을 위해 빨간색 어린이 앞치마와 재미있는 비행기와 경주용 자동차 모양 주걱을 샀다. 다음번 굽기 시간에 이 앞치마를 입을 것이다. 손주들은 간식을 만들어 시식하고 작은 종이 접시에 견본품을 담아 집으로 보내거나 이웃에게 나눠 준다.

손주들이 방문할 때마다

옥수수빵

나는 다섯 살 손자 이선과 함께 있을 때마다 옥수수빵을 굽는다. 2년 전 어느 날 손자가 방문했을 때 저녁 식사용 옥수수빵을 준비하는 나를 도와준 것이 발단이었다. 이선은 식성이 까다로웠지만 자신이 요리하고 싶어 했다. 이선은 우리와 함께 있을 때마다 옥수수빵을 굽자고 한다. 다른 요리를 할 때도 도와주지만 옥수수빵은 '우리의 일'이다. 요리는 우리 둘에게 멋진 추억이 될 것이다.

— 베키 맥코믹

특별한 음식을 먹는 전통을 세우고 준비 과정을 도와주게 하면 좋은 추억이 된다. 블루베리 머핀을 만들거나 아일랜드 키친 근처에 앉아 껍질 콩을 까며 수다를 떨면서 손주들과 좋은 관계를 맺을 수 있다. 어쩌면 손주가 요리사가 되는 싹을 틔워 주는 기폭제가 될 수도 있다!

손주들과 멀리 떨어져 있어도 부엌에서 소통할 수 있다. 마치 당신이 요리 쇼에 출연하는 것처럼 비디오카메

헬렌 할머니는 훌륭한 빵 굽는 사람

내가 어렸을 때 할머니는 나를 데려다가 빵을 구우며 하루를 보냈다. 나는 우리가 함께 만든 멋진 팬케이크와 파이, 레이어 케이크(크림·잼 등을 사이사이에 넣어 여러 층으로 만든 케이크), 딸기빵 등을 결코 잊지 못할 것이다. 이제 나는 다른 사람들을 위해 맛있는 음식을 만들고 손주들에게 만드는 법을 가르친다. 그러나 할머니의 빵 굽는 기술은 아무도 따라올 수 없다!

— 엘리자베스 위클랜드.

라 앞에서 초콜릿 칩 쿠키를 섞어라. 옷을 갖춰 입고 재미있는 목소리로 요리를 만들라. 그런 다음 쿠키, 비디오, 레시피의 패키지를 손주에게 보내라. 비디오나 DVD가 없더라도 조부모의 쿠키는 항상 특별한 선물이다.

마리의 아주 쉬운 휴일 요리

미니 초콜릿 프레첼. 쿠키 판에 포일을 깔아 놓아라. 아이들은 쿠키 판에 미니 프레첼을 올려놓고 각 쿠키 판의 중앙에 롤로 사탕을 놓는다. 초콜릿 사탕을 단 몇 분 동안 150℃로 예열한 오븐에서 구워서 부드럽게 만든다. 각 롤로의 중심에 피칸 반쪽을 놓고 프레첼의 상단을 가로질러 퍼질 때까지 아래로 누른다. 초콜릿이 뜨거워질테니 아이들이 화상을 입지 않도록 이건 조부모가 하라. 기름종이(음식을 포장하거나 요리할 때 씀)에서 식힌 다음 떼어 내라. 아주 어린 아이들조차도 만들고 즐길 수 있다.

모양 틀 설탕 쿠키. 식료품 가게의 냉장 식품 구역에

여섯 살, 여덟 살 된 두 손녀

손주들은 나를 '보니 할머니'라고 부른다. 우리는 쇼핑, 자선 바자, 축제, 공놀이, 교회 방문 등 함께 다양한 활동을 한다. 손주들이 가장 좋아하는 긴밀한 유대 활동은 부엌에서 나와 함께 일하는 것이다. 손주들은 토스트 만들기, 달걀 스크램블, 레시피에 따라 섞기, 사과와 치즈 자르기, 계량 연습, 접시 닦기와 물놀이하기를 좋아한다. 손주들이 일을 끝내면 청소는 내 몫이 되지만 음식 준비가 되었을 때 손주들이 다른 사람들에게 대접하며 즐거워하는 것을 보며 보람을 느낀다.

— 보니 크루이젠가

서 나무, 호박, 토끼 모양의 설탕 쿠키를 구입하라. 굽기 전이나 후에 아이들이 레드 핫 캔디(계피향이 나는 캔디)를 위에 얹고 설탕 가루로 장식하게 하라. 아이들은 전통적인 방식으로 각종 모양 틀로 찍어 낸 쿠키 만드는 것만큼 재미있어한다.

순록 쿠키. 흰색 또는 초콜릿 프로스팅, 오레오 쿠키 한 봉지, 미니 프레첼을 사라. 손주와 함께 오레오의 꼭대기에 설탕을 입혀라. 아이들에게 순록의 얼굴을 만들도록 하라. 레드핫 캔디로 코를 만들고 눈은 미니 또는 보통 크기의 M&M(다양한 색깔의 단단한 표면으로 된 초콜릿 캔디)을 붙여라. 미니 프레첼을 반으로 잘라 얼굴 꼭대기에 꽂아 순록의 뿔을 만들라. 아이가 선택하는 눈의 색상과 눈과 코의 위치에 따라 때로는 얼굴이 외계인처럼 보일 수도 있다. 손주들의 성장에 맞춰 매년 사

네 살 때부터 한 요리

겨우 네 살이었을 때 부엌에서 할머니를 도와주도록 했기 때문에 나는 요리하기를 좋아한다. 나는 의자 위에 서서 섞고 붓는 걸 주로 했다. 우리는 티파티용 블루베리 머핀을 만들었고 할머니는 최고의 그릇으로 테이블을 꾸몄다. 작년에 밀대를 처음 마련했고 호박파이는 내가 가장 잘하는 요리이다. 나는 키시(달걀, 우유에 고기, 채소, 치즈 등을 섞어 만든 파이의 일종)와 칠리고추를 넣은 고기와 강낭콩 스튜 만들기를 좋아하며, 점심에 가끔 할머니를 초대한다.

— 케이틀린, 열 살

진을 찍고 살펴보라.

부활절 미니 컵케이크. 아무것도 첨가되지 않은 케이크 믹스와 아이싱을 준비하라. 포장지에 적혀 있는 만드는 법에 따라 반죽을 준비한다. 준비된 반죽을 4~5개의 그릇에 나누어, 핑크, 파스텔 그린, 파랑, 노랑 등의 식품용 색소를 넣어 각각 다른 색 반죽으로 만든다. 그런 다음 팬에 컵케이크용 라이닝을 깔고 반죽을 틀의 ⅔ 정도까지 차게 붓는다. 컵케이크가 구워지면 식혀서 아이싱을 입히고 코코넛, 젤리빈 등으로 꾸민다. 손주들은 컵케이크를 장식하는 즐거움을 누리고, 다 만들어진 컵케이크를 집으로 가져가거나 다른 사람들과 나눌 수 있다.

손주와 함께 요리하기 위한 팁

열정적이고 활기찬 아이들과 요리를 하다 보면 즐거움이 크지만 깔끔했던 부엌이 엉망이 될 수도 있다. 따라서 손주들과 함께 요리 과정을 즐기고 추억을 만들기 위해서는 치밀한 계획과 많은 인내가 필요하다. 다음에 '세대 간 요리' 모험에 도움이 되는 몇 가지 팁이 있다.

간단하고 재미있게 하라. 손주와 요리하는 훌륭한 제빵사 필리스 스탠리는 언제나 "요리는 과학이라기보다 예술이다. 실수를 새로운 조리법으로 바꿔라!"라고 말한다.

충분한 시간을 갖고 서두르지 마라. 조리법이 보통 30분 걸리면 시간을 두 배로 잡아라. 아이들은 냄새 맡고 맛보고 만지는 것을 좋아한다. 마감 시간이 없으면 요리 시간이 더 즐겁고 아이들은 하고자 하는 마음이 생기고 자신의 페이스대로 배울 수 있다.

레시피 상자와 조리법 카드를 준비하거나 작은 레시피 책을 만들라. 당신의 전문 요리 레시피와 함께 만드는 음식, 가족이 좋아하는 음식을 적어 두라. 손주가 집에 돌아가면 이메일로 레시피를 교환할 수 있다.

> ### 손주와 함께 요리하기
>
> 함께 요리하기는 유대감을 형성하는 좋은 방법이다. 당신은 활동에 집중하고, 생활 기술을 가르치며, 손주들이 인정받고 가치 있다고 느끼도록 돕는다. 거기에서 성취감을 공유한다.
>
> — 도나 버트

별거 아닌 걸로 속 태우지 마라. 시작하기 전에 손주들이 부엌에서 일으킬 혼란에 대하여 걱정하지 않겠다고 미리 다짐해야 한다. 그러면 쏟은 우유와 끈적끈적한 조리대에 실망하거나 짜증을 내지 않을 것이다. 그 순간을 함께 만끽하고 정리는 나중에 하라.

믹서, 스푼과 레시피에 필요한 모든 재료를 미리 준비하라.

특별히 잘하는 것을 시도하라. 당신이 특별히 잘 만드는 수프 또는 좋아하는 디저트를 만드는 것을 도와주게 하라. 저녁 준비에 손주들의 도움을 청하라. 조금만 도와주면 손주들은 펜네(짧은 대롱 모양의 파스타, 양 끝이 펜촉 모양으로 비스듬히 잘림)와 좋은 이탈리아 소스 한 병으로 간단한 파스타 식사를 만들고, 야외 파티를 위해 패티를 넣어서 햄버거를 만들고, 샐러드를 위해서 채소를 자르거나 다른 것도 많이 만들 수 있다.

13

스토리텔링을 통해 함께하기

스토리텔링은 헌신의 행위이다. 우리가 열정적으로 이야기를 할 때,

우리는 아이들에게 분명한 메시지를 보낸다.

나는 너를 너무 사랑하기 때문에 내가 가지고 있는 가장 소중한 '시간'이라는

선물을 너에게 주고 싶다. 함께하는 그 순간에는 이야기가 가장 중요하다.

— 찰스 A. 스미스

많은 아이가 몇 시간씩 컴퓨터 게임을 하고 영화를 본 후 TV를 켜 놓거나 아이팟을 연결한 채로 잠이 든다. 이런 모습이 이야기를 통해 마음과 마음을 잇고 손주와 함께해야 하는 가장 중요한 이유가 된다. 단순한 이야기를 공유하는 방법을 살펴보는 것만으로도 당신의 손주를 축복할 수 있다. 이야기를 통해 지속적인 가치를 전달할 수 있고, 스토리텔링을 통해 손주들의 학습 능력을 상당히 키워 줄 수 있다. 학교 공부에 필요한 좋은 듣기 습관을 길러 주고 집중력을 높여 주고 주의 집중 시간을 늘려 준다. 또 스토리텔링은 사건의 연속성을 이해하는 능력을 발달시키고 이해력을

키우며 어휘를 확장하는 데 도움이 된다. 손주의 선생님이 고마워할 것이다.

무엇보다 스토리텔링은 재미있다. 책을 소리 내어 읽는 것도 좋지만, 이야기 듣기는 마음속에 장면을 그려 보도록 하여 상상력이 자랄 수 있는 기회를 준다. 조부모로서 단지 취침 시간뿐 아니라 독창성을 발휘해 스토리텔링을 계속할 수 있다. 손주들과 함께라면 언제든지 이야기를 들려줄 수 있는데 심지어 운전할 때도 가능하다. 당신은 손주들에게 판타지 이야기, 당신 일상의 개인적인 이야기, 성경 이야기, 옛날이야기도 들려줄 수 있다.

다음은 한 할머니가 이야기하기를 어떻게 전통으로 발전시켰는지에 대한 예이다.

겨울잠을 자는 곰 이야기와 게임

신시아는 영국 베드퍼드에서 오는 세 손주를 기다렸다. 신시아는 미국에 살고 손주는 영국에 살아서 자주 만나지 못하기 때문에 친해지는 데 시간이 좀 걸렸다. 어느 날 신시아가 네 살 된 키아에게 낮잠 시간에 책을 읽어 준 후 안아 주려고 하자 키아가 거부했다. 그 순간 갑자기 아이디어가 떠올랐다.

"아가야, 이리 와. '겨울잠을 자는 곰'이라는 게임을 하자."

신시아가 말했다.

"어떻게 하는 건데?"

키아가 관심을 보이며 물었다.

"너는 엄마 곰과 함께 우리가 앉아 있는 침대 위 이불 동굴에 들어가야 해."

"누가 엄마 곰이야?"

"내가 엄마 곰, 넌 새끼 곰이 될 수 있어. 우리는 겨울 동안 따뜻하게 지낼 수 있도록 가까이 있어야 돼. 말하자면 이게 곰이 겨울잠을 자는 방법이야. 우리는 긴 겨울잠을 자는 거야."

키아는 잽싸게 이불 속으로 뛰어들어 할머니에게 안긴 후 다음에 무슨 일이 벌어지는지 기다렸다. 키아는 할머니 품속에서 꼼지락거리면서 "겨울잠을 자던 곰이 언제 나와서 노는 거야?"라고 물었다.

"엄마 곰이 밖에 나가서 봄이 왔는지 보고 올게. 너는 여기 따뜻한 곳에서 기다려."

신시아는 이불 밖을 살짝 보고 말했다.

"아직 봄이 아니야. 밖에 얼음과 눈이 있어서 동굴에서 지내는 게 좋아."

신시아는 이불 속으로 돌아오기 전에 담요 긁는 소리를 내며 말했다.

"누가 우리 문을 두드리네. 내 생각에는 아가씨가 온 것 같아.

문 열어 줄까?"

키아가 얼른 "응!" 했다.

"너는 여기에 안전하게 있어. 내가 나가서 아가씨가 원하는 것이 무엇인지 알아볼게."

신시아가 아가씨에게 물었다.

"한겨울에 무엇을 원하세요?"

신시아는 약간 무서운 목소리로 아가씨인 척하면서 대답했다.

"무슨 말이야? 지금은 5월이야."

"어떻게 지금이 5월이죠? 밖은 여전히 춥고 눈이 많이 내립니다. 우리는 곰인데 겨울잠을 자고 있어요."

신시아는 평소의 목소리로 말했다.

"음, 나는 겨울을 좋아하고 추운 것만 좋아해서 1년 내내 겨울로 만들어 놓았어. 사실 겨울이 아니었으면 나는 녹아 버릴 뻔했어."

아가씨는 무섭게 말했다.

"내 새끼에게 음식이 필요해요. 하지만 우리에게 봄이 오지 않으면 먹을 수 있는 것은 아무것도 없어요."

엄마 곰이 대답했다.

"오, 새끼가 있니? 나는 모피 코트를 좋아해. 네 새끼를 만나고 싶어!"

"그러면 내 작은 새끼에게 물어볼게요."

엄마 곰이 말했다.

신시아는 다시 이불 속으로 돌아가 키아에게 아가씨를 만나고 싶은지를 물어보기 전에 제안했다.

"하지만 만일을 대비하여 먼저 계획을 생각해 보자."

엄마 곰과 새끼 곰은 함께 가능한 해결책을 두 가지 생각해 냈다.

첫 번째 해결책은 아가씨가 차가운 것만 좋아하니까 아가씨에게 차를 마시자고 초대하여 뜨거운 차를 쏟아서 아가씨가 녹으면 봄이 오게 하는 것이다. 두 번째 해결책은 차와 달콤한 과자를 마치 사우어 캔디(레몬, 박하 등을 섞어서 청량감이 있고 산미가 있는 캔디)인 것처럼 주어서 그녀를 녹이는 것이다.

"너는 무엇을 선택할래?"

신시아가 물었다.

키아는 '달콤한' 해결 방법을 선택하여 이야기가 어떻게 진행되었는지 확인했다. 획! 달콤한 사탕 맛을 본 후 아가씨가 녹아내려서 봄으로 바뀌었다. 그런 다음 이불 밖에서 몇 가지 재미있는 곰 이야기 시간을 가졌다. 키아는 꿀을 찾아 떠났다. 키아도 다른 아이들처럼 이야기 속에 자신의 역할을 끼워 넣었다. 새끼 곰이 꿀벌과 벌

> 조부모는 이불처럼 포근하다. 조부모들은 사랑에 여분의 층을 추가한다.
>
> ─무명씨

꿀을 찾다가 나무에서 떨어져서 인간의 병원으로 달려갔다. 나중에 그들은 숲속에서 산딸기를 찾았고 블랙베리 파이를 만들었다. 그리고 강으로 가서 저녁 식사를 위해 낚시질을 했다. 그들은 엄마 곰이 지쳤을 때 다시 겨울잠을 자기 위해 이불 속으로 들어갔는데 머지않아 키아도 잠이 들었다.

이 이야기 모험은 신시아가 영국에서 손주와 소통하는 데 도움이 되었다. 오클라호마시티와 세인트루이스에 있는 다른 손주들도 겨울잠 자는 곰에 대한 이야기를 듣고 직접 실연해 보기를 원했다!

이제 손주들은 할머니가 찾아오면 겨울잠을 자는 곰의 모험 이야기를 자신만의 버전으로 창조해 낸다. 이야기는 함께하기에 훌륭한 소재이다. 칼렙은 이 이야기에서 잔인한 아가씨를 용으로 바꿔서 잔인한 아가씨 대신 용이 문에 나타난다. 손주들은 곰 사냥을 떠나고 숲에서 으르렁거리는 소리를 낸다. 손주들은 야영객을 찾아갔다가 곰이 으르렁거리는 목소리로 "좋은 아침!" 하고 말하는 걸 듣고 놀라서 도망가면서 곰에게 먹이를 남기고 온다. 손주들은 이야기에 자신만의 상상력을 추가한다.

신시아는 자신이 특별히 창조적이라고는 생각하지 않지만 재미있는 일을 시작하면 이야기나 가상 게임 같은 창조적인 아이디어는 저절로 따라온다는 것을 알게 되었다. 그래서 곰 세 마리나 나니아 이야기와 같이 마음속에 떠오르는 다른 이야기에 작은 아이디어를 적용한다. 손주들의 창의성 덕분에 이야기는 계속 확장된다. 겨울 잠 자는 곰의 모험에 대한 손주들의 아이디어는 끝없이 새롭게 창조되고 있다.

손주를 위한 데이비드 크로켓 이야기와 다른 이야기

칼렙(7세), 노아(6세), 루크(5세)는 데이비드 크로켓(1786~1836. 미국의 전설적인 개척자이자 정치가) 이야기를 좋아한다. 그래서 도서관에서 개척자의 모험에 관한 책을 여러 권 빌려 와서 읽어 주었는데 손주들은 더 많은 것을 원한다. 나는 손주들이 잠자리에 들어 불을 끈 채 이불 속에서 할머니가 지어낸 데이비드 크로켓 이야기를 많이 들려주기를 원한다는 것을 알았다. 한번은 뱀이 강을 건너가는 크로켓을 물었고 한 번은 크로켓이 늪에서 악어와 레슬링을 했다. 어느 날 밤에는 '보위 나이프의 명성'에 나오는 크로켓과 짐 보위가 어떻게 어렸을 때 사냥 친구가 되었는지 듣고 싶어 했다. 오래지 않아 아이들은 잠에 빠져들었고 나는 놀이의 번잡스러움에서 해방되어 쉴 수 있었다.

나는 결코 타고난 이야기꾼이라고 생각해 본 적이 없다. 내 경우는 상상력이 풍부한 남자 형제 조지가 카우보이 밥에 관한 이야기를 자기 아들들에게 들려주고 손주들이 오면 함께 나누는 것과 다르다. 조지는 카우보이 밥에 대한 아이디어를 넓은 초원을 가로질러 말을 타고 소 떼를 몰고 있는 카우보이 그림에서 얻었다. 조지가 꾸며낸 이야기에서 카우보이 밥은 그의 유명한 말 '페인트'를 타고 평원을 가로질러 사나운 들개에게 쫓기고 협곡을 뛰어넘는다. 조지는 항상 자기 아들 이름을 이야기에 넣어서 더 큰 관심을 이끈다. "카우보이 밥은 새로운 사람의 목장에 가서 존과 잭을 보았다. 그들은 함께 낚시를 가자고 해서 세상에서 가장 큰 물고기를 잡았다."처럼.

나는 오클라호마 축제에서 구연가의 이야기를 들으며 이야기를 시작하는 법과 손주들이 행동이나 줄거리를 완성하여 참여하게 하

> 이야기가 어디에서 왔는지
> 아는 사람이 있는가?
> 이야기는 어디서 와서
> 어디로 가는가?
> 이야기는 깊숙한 곳에서 나온
> 다음 멀리멀리 여행한다.
>
> ─ 무명씨

는 방법을 배웠다. 예를 들면, "갑자기 데이비드 크로켓이 나타났어."하고 잠시 멈춘다. 그리고 노라나 루크에게 크로켓이 무엇을 만났고 다음에 무엇을 했는지 물어본다. 이런 방식은 아이의 주의를 끌고 창의력, 상상력 및 스토리텔링 기술을 구축한다.

다음 참고 사항을 살펴보자.

친숙한 줄거리를 사용하라. 아이들은 겨울잠을 자는 곰이나 데이비드 크로켓 이야기같이 반복적인 주제와 캐릭터를 좋아한다. 신비로운 말이나 샌디 개와 같이 본

할아버지 목소리

내 손주들이 세 살부터 아홉 살까지로 어렸을 때 증조할아버지가 옆집에 사는 티미와 함께 보낸 어린 시절 모험에 대한 녹음을 함께 듣는 것을 좋아했다. 아버지는 분명히 우주 여행, 정글 탐험, 남극에서 펭귄과 함께 생활하는 데 많은 시간을 보냈던 것 같다. 아버지는 카세트테이프를 통해 이러한 이야기를 어린 나에게, 나의 아이들에게, 지금은 증손주에게 아주 열정적으로 들려주었다. 손주들은 불을 끄고 침대에 누워서 '증조할아버지'의 여행에 대해 듣는 걸 좋아한다. 아버지가 94세의 나이로 돌아가신 지 수년이 지난 지금도 아이들은 아버지의 목소리로 말하는 것을 듣는 걸 좋아한다.

— 다이앤 리스터

인이 지어낸 이야기로 시작하여 자신만의 특징적인 이야기를 창조하라. 아이들과 함께 있을 때마다 손주들의 새로운 모험 에피소드

를 공유하라.

손주가 이야기 속으로 빠져들게 하라. 예를 들어, 나는 "크로켓과 짐 보위가 요새에 도착했을 때 그들은 노아와 루크가 불 옆에 앉아 저녁 식사를 만들고 있는 것을 발견했어. 그들은 기병대를 정찰하느라 너무 배가 고파 노아와 루크에게 함께 합류할 수 있는지 물었어. 그날 밤 이후 네 사람은 숲속으로 모험을 떠났단다."라고 말한다.

좋아하는 어린이책에서 캐릭터의 모험을 가져와서 더 많은 이야기를 지어라. 손녀가 좋아하는 캐릭터가 '엄지 공주'라면 엄지 공주가 이야기의 출발점이 되게 하라. 《우락부락 염소 세 형제 이야기》를 좋아하는 경우 각 염소와 트롤(북유럽 신화에 등장하는 상상속 괴물)마다 목소리를 달리하여 관심을 끌어라.

여러 사람이 돌아가며 이야기를 이어 가는 것은 재미있게 이야기를 시작하는 방법이며 할아버지와 손주를 참여시킬 수 있는 좋은 방법이다. 한 사람이 먼저 이야기를 하면 다음 사람이 또 다른 행동과 새로운 캐릭터를 추가하고 그다음 참가자가 이야기 줄거리를 이어 간다.

손주의 부모에 관한 이야기를 들려주라. 아이들은 엄마와 아빠가 어렸을 때 한 행동에 관하여 듣는 것을 좋아한다. 그들은 특히 부모가 처음으로 눈에 멍이 든 사건이나 상처를 꿰매기 위해 병원에 갔던 '부상 당한 이야기'를 좋아한다.

오래된 모자를 보관하거나 벼룩시장에서 수집하라. 모자는 극적인 놀이를 자극하고 당신과 손주 모두에게 훌륭한 이야기 매개체가 된다.

이야기하는 법 배우기

당신이 처음으로 스토리텔링을 하는 것이라면 손주에게 책을 읽어 주지 말고 동화책의 줄거리를 익혀서 이야기를 들려주는 것이 좋다. 도움이 될 만한 몇 가지 팁을 소개한다.

☆ 책을 고를 때는 당신이 어렸을 때부터 좋아했던 고전 명작을 고르라. 또는 손주가 좋아하는 책을 선택하라. 여러 번 반복해서 읽어 주어라.

☆ 당신은 책을 읽으면서 기본적인 아이디어를 얻을 수 있다. 전

체 이야기를 암기할 필요는 없다. 그냥 주요 사건의 개요를 순서대로 기록하고 주요 캐릭터와 중요한 단어를 필기하라. 대강의 이야기를 속으로 되새겨 보라.

☆ 이야기 장면별로 그림을 그려 보라. 이 방법은 두뇌에 좋은 운동이며 이야기를 기억하는 데 정말 효과가 크다. 시도해 보라.

☆ 거울이나 반려동물에게 자기 말로 이야기하는 것을 연습하라.

☆ 만약 추가적인 연습이 필요하면 녹음해서 자주 들어라. 그러면 운전하면서도 연습할 수 있다. 이야기를 해 준 뒤에는 녹음 파일을 손주와 공유하라.

☆ 이야기할 때는 당신만의 몸짓, 사투리, 반복적인 문구, 소품, 심지어는 당신이 좋아하는 악기를 추가하라. 자신만의 스타일을 사용하여 이야기를 독창적으로 만들라.

☆ 휴식을 취하며 자신을 내려놓고 이야기를 즐겨라. 당신의 손주는 동화의 재미에 푹 빠지게 된다. 손주들은 그 대가로 당신에게 이야기를 들려주고 싶어 할 것이다.

이야기를 팟캐스팅하며 조부모로 살아가기!

직접 스토리텔링 시간을 가질 기회가 많지 않더라도 용기를 내어라. 손주와 멀리 떨어져 사는 조부모라도 이야기 선물을 줄 수 있다. 앞에서 말한 대로 이야기를 준비하고 웹캠을 통해서 이야기하라. 어린 손녀가 있고 집 안에 인형이 있을 때는 인형이 이야기하게 하면 손녀가 황홀해할 것이다. (제9장에서 비디오를 통한 대화와 스토리텔링을 위한 웹캠 사용에 대한 더 많은 정보와 아이디어를 얻을 수 있다.)

손주가 수백 킬로미터 떨어져 있을지라도 당신은 말썽꾸러기 개에 관한 흥미로운 이야기를 하거나 신드바드의 모험 이야기를 팟캐스트로 공유할 수 있다. 팟캐스트는 당신의 목소리를 녹음해서 오디오로 방송할 수 있다. 손주가 몇 명이든 어디에 살든 상관없이 모두가 동시에 들을 수 있다.

팟캐스트를 지원하는 다양한 프로그램이 있다. 가장 사용하기 쉽고 비용이 효율적인 것을 선택하라. 컴퓨터와 마이크만 있으면 되지만 내장형 또는 휴대용 웹캠이 있어야 가능하다.

또한 팟캐스트를 호스팅할 사이트도 필요하다. 무료 프로그램으로 podbean.com 또는 onstreammedia.com이 있다. 모든 프로그램에는 팟캐스트를 제작하고 배포하는 방법에 대한 자세한 지침이 있다.

팟캐스트가 아니라도 자신의 이야기를 녹음하여 CD나 비디오로 만들어 생일이나 크리스마스 선물로 보낼 수 있다. 손주들은 당신이 들려주는 이야기를 좋아할 것이고, 만약 비디오라면 볼 수도 있을 것이다.

가족 역사 이야기

아이들은 가족의 역사 이야기를 좋아한다.

나는 캔자스에서 가족 모임을 할 때 남편 홀스와 우리 아이들과 함께 존 삼촌이 즐겨 이야기하는 풀러 가족사인 존 마사이어스가 도지시티로 가는 이야기를 듣기 위하여 삼촌 곁에 앉았다. 어린이와 어른 모두 존 삼촌이 서부 시대 이야기를 들려줄 때 눈을 크게 뜨고 귀를 쫑긋하며 듣는다.

우리 아버지 존 마사이어스 풀러는 철도가 건설되기 전 청년 시절에 캔자스주의 도지시티에 갔다. 왜냐하면 도지는 일자리, 돈, 기회가 많은 땅이었기 때문이다. 존은 전형적인 도시인이었지만 그곳에 있는 카우보이들처럼 총을 착용하고 스타일리시해지고 싶었기 때문에 6연발 권총, 벨트, 권총집을 사러 가기로 결정하고 실행에 옮겼다. 아버지는 누구에게도 해를 끼치지 않는 평화로운 사람이었지만 잘 어울리고 싶어 했다.

어느 일요일 아침 존은 크고 반짝이는 6연발 권총을 차고 거리로 살금살금 내려갔다. 그때 갑자기 누군가 존의 옷깃을 잡고 말했다.

"나에게 그 총과 벨트를 넘겨!"

그는 도지시티의 유명한 보안관 배트 마스터슨이었다.

"젊은이, 자네는 이곳 남자의 마을에서 총을 차고 있을 수 없어. 자네는 총을 사용할 줄 아는 사람들의 먹잇감이 될 거야. 내가 이 총과 총 벨트를 사무실에 보관해 둘 테니까 여기를 떠날 때 찾아가도록 해."

존은 도지시티에 석 달 동안 머물다가 캔자스시티로 돌아가 형을 위해 일하기로 했다. 존이 마지막으로 할 일은 권총을 찾아오는 일이었다. 보안관실에 있는 직원이 "너는 이 총으로 무엇을 얻으려고 하지?"라고 했다. 그 직원이 지폐 뭉치를 가지고 있었기 때문에 존은 그에게 총을 팔았다. 결국, 아버지는 오랫동안 권총을 차고 있지는 않았지만 몇 달러 더 받아서 캔자스시티로 갔다!

오후 내내 존 삼촌은 체로키 인디언(북미 원주민 부족) 땅에 대한 권리를 주장하는 풀러 형제의 이야기를 하고 존 마사이어스가 어떻게 건축 경력을 시작하게 되었는지를 말했다. 우리는 모두 풀러 할머니의 뜨개질 이야기를 좋아했다. 풀러 할머니는 제1차 세계 대전이 계속되는 동안 마을 사람들이 가져다준 실로 프랑스에서 싸우는 군인을 위해 모직 바지와 장갑을 짰다. 풀러 할머니가 앞에

받쳐져 있는 커다란 성경책을 읽으며 얼마나 재빠른 솜씨로 뜨개질을 했던가!

우리 모두는 말하고 싶은 이야기가 있다. 각 가족은 풍부한 이야기 창고를 가지고 있다. 믿음과 역경 극복의 이야기, 미국으로 이주한 조상 이야기, 미국 역사의 다양한 시기에 관한 이야기 등이다. 가족 역사 이야기는 부모에서 자녀로, 조부모에서 손주로 이어지는 사랑의 선물이다. 또한 가족에 대한 소속감을 전달하고 아이를 과거에 연결하며 불확실한 미래로 나아갈 수 있는 자신감을 준다. 아이들은 자신이 누구이며 어디에서 왔는지를 알게 되면서 정체성에 관한 감각이 커진다. 가족 이야기는 인생을 나누고 관계를 구축하는 사다리 역할을 한다.

가족 역사 이야기는 손주가 우리 집에 와서 저녁 식사를 끝낸 뒤나 가족 모임 동안에 주로 한다. 편지를 쓰기도 한다. 스토리텔링은 삶의 메시지를 전달하는 방법을 알려 주고 가족의 추억을 만들게 한다.

가족 역사 편지

신디는 임신한 딸과 아기 책을 보다가 하늘에 계신 친정어머니의 편지를 발견했다. 신디는 그 편지가 딸에게 얼마나 큰 의미를 갖

가족 역사 이야기를 만드는 방법

아프리카 속담에 "노인이 죽으면 도서관이 불타는 것이다."라는 말이 있다. 당신의 이야기 창고를 불태우지 마라! 그 대신에 자신에게나 가족 구성원에게 다음과 같은 질문을 함으로써 후손에게 전달하라. 이 일련의 질문은 나이 든 친척의 어린 시절 집에 관해 묻는 것으로 시작한다.

1. 고향 집을 그릴 수 있는가? 있는 그대로의 모습을 자세하게 그려 보거나 마당, 늘 놀았던 나무, 집, 벽난로, 가족들이 모였던 저녁 식탁을 간단하게 배치도로 그려 보라. 그곳에서 일어났던 일들을 생각해 보라.

2. 거기에서 당신과 함께 살았던 사람들은 누구인가? 그들은 어떠했는가? 당신은 그들과 잘 지냈는가?

3. 어떤 사람이 가장 자주 왔는가? 친척, 친구와 대가족을 포함하라.

4. 집이나 아파트는 어떤 동네에 있었는가? 당신은 그것에 대해 어떻게 느꼈는가?

5. 당신이 그곳에 살았던 당시 세상에 무슨 일이 일어났는가? 대통령은 누구였는가? 나라는 평화로웠나, 전쟁 중이었나? 경제적, 사회적 분위기는 어땠나? 어떤 영화, 음악, 라디오와 텔레비전의 프로그램이 인기가 있었는가? 좋아하는 연예인은 누구였는가? 패션은 어떠했는가?

이러한 것들을 생각하면 훌륭한 가족 이야기가 나온다!

는지를 지켜보면서 자기도 어린 손녀에게 편지를 쓰기로 했다. 오래지 않아 이 아이디어는 꽤 큰 프로젝트로 커졌다. 신디는 친정아버지와 친정어머니를 잃었고, 시어머니는 캐서린이 태어나기 3년 전에 돌아가셨다. 신디가 태어난 직후에는 오빠를 잃었다.

신디는 손주들이 이 소중한 사람들을 결코 알지 못할 것이라는 사실을 깨닫고, 매달 캐서린에게 편지를 써서 천국에 간 가족을 한 명씩 소개하기로 했다. 신디는 다른 시대에 살았던 가족사진을 보내 주었다.

신디가 새로운 가족 전통을 만든 방법은 다음과 같다.

신디는 캐서린이 한 달 된 날에 가장 좋은 편지지에다 손녀를 얼마나 사랑하는지, 손녀의 탄생이 얼마나 놀라웠는지, 한 달 동안 일어난 일에 대하여 손 편지를 썼다. 다음 달에 신디는 컴퓨터 프린터기로 손녀에게 쓴 편지를 인쇄했다.

편지의 시작은 손주가 그달에 했던 특별한 일, 목표에 도달한 중요한 일, 휴일에 관한 개인적인 메모이다. 그런 다음 신디는 편지에서 손주가 만날 가족을 소개한다. 가족의 이름과 태어난 날짜, 장소를 알려 주고, 이미 죽은 사람이면 죽은 날짜와 장소를 추가한다. 그 사람에 대해 신디가 기억하는 모든 것을 공유한다. 신디가 전쟁 중 군 복무에 대해 이야기하고 컴퓨터와 텔레비전이 없던 시대의 생활이 어떠하였는지 이야기하고, 가족 구성원의 관심사를 설명하는 작은 역사 수업이다.

첫 번째 전기 편지는 캐서린의 엄마였고, 다음은 캐서린의 아빠, 할머니(신디)와 할아버지, 삼촌과 그들의 부모와 증조부모였다. 이것은 시간이 꽤 드는 일이었지만 신디는 이 추억의 길을 걷는 것을 즐겼다. 신디의 손주들은 다음 편지에는 누가 등장할지 기대하며 기다렸다.

> ### 당신은 손주에게 과거와의 연결 고리이다.
>
> 손주에게 역경 극복과 가족 역사의 영웅 이야기를 해라. 조부모는 존재 그 자체로 역사와 가치를 전한다. 이것은 손주를 가능성의 존재로 만든다.
>
> ― 로버트 알드리치 의학 박사와 글렌 오스틴 의학 박사

신디는 편지를 사진과 함께 컴퓨터에 저장해 두었기 때문에 두 번째 손주 소피아가 태어났을 때는 따로 표시해서 저장만 하면 됐다. 신디는 이 편지들을 '할머니로부터 편지'라고 이름 붙인 스크랩북에 저장해 두고 손주들이 읽을 수 있는 나이가 되면 이 편지를 좋아하기를 바란다.

펌프에 마중물을 붓다

가계도를 꺼내고 오래된 사진 앨범을 보는 것은 종종 이야기 펌프에 마중물을 붓는 셈이다. 아이들은 자신의 아기 때 사진, 형제

자매, 부모의 사진뿐만 아니라 친척의 사진을 보는 것을 좋아한다. 아이들은 가족의 이미지를 둘러싼 이야기와 역사에 종종 매료된다. 다음과 같은 정보를 공유하라.

☆ "얼린 이모의 이 사진은 1935년 할리우드에서 찍은 것으로 밥 호프 영화에서 도로시 라무어의 대역 배우로 일했다."

☆ "이 할머니와 할아버지 사진은 할아버지가 전쟁에서 돌아왔을 때 찍은 것이다."

☆ "이 사진은 나이아가라 폭포로 신혼여행을 떠났을 때 너의 아버지와 내가 찍은 사진이다."

사진이나 추억이 펌프의 마중물이 되어 자신의 경험으로부터 진실한 이야기를 시작하고자 할 때 이 지침이 도움이 될 것이다.

☆ 특정 나이 때를 기억하라. 여덟 살이었거나, 아니면 그냥 고등학교를 졸업했을 때이다.

☆ 당신이 가장 행복했던 때, 슬펐던 때, 가장 두려웠던 때에 대하여 말하라.

☆ 대화를 연관시켜 보라. 당신이 다른 사람에게 무엇을 말했고 다른 사람들은 당신에게 무엇을 말하였는가?

☆ 광경, 냄새, 맛, 소리, 경험의 느낌을 회상하라.

☆ 그 경험으로부터 얻은 특별한 통찰을 공유하라.

스토리텔링으로 더 가까이 다가가기

손주들에게 판타지 이야기를 들려주거나 가족 역사를 말하거나 전화로 들려주는 스토리텔링은 의사소통과 긴밀한 접촉을 구축하는 아주 좋은 방법이다. 만약, 손주가 지금 이야기를 듣는 것에 관심이 없다면 글로 써서 저장해 둔다. 가족의 역사뿐만 아니라 당신의 삶 이야기를 공유할 수 있도록 오디오 또는 비디오로 제작한다.

어떤 형태든지 스토리텔링은 하루를 마무리하는 모든 사람이 스트레스를 해소하는 데 도움이 된다. 손주가 여행 중에 여러 번 "우리는 언제 도착해?"라고 물어볼 때에도 쓸모가 있다. 당신의 창의력을 불러일으켜 재미있는 이야기를 만들고, 기쁨과 재미가 있는 개인적인 역사를 기억해라.

당신이 이야기를 하느라 손주에게 투자한 시간은 절대 후회하지 않을 소중한 순간을 만들어 낸다는 것을 기억해라.

　손주 역시 우리 삶에 투자한다. 손주들과 함께 시간을 보내는 것은 인생의 가장 좋은 예방 의학이다. 그것은 당신을 더 오래 살 수 있게 해 줄 것이다!

14
손주의 독서를 격려하라

만약 당신이 같은 방에 책, 흔들의자, 손주가 있는 것을 본다면

책을 읽어 줄 수 있는 기회를 놓치지 마라.

손주에게 책 읽기에 대한 사랑을 심어 주라.

당신이 손주에게 줄 수 있는 아주 큰 선물 중 하나이다.

— 바버라 부시

손주에게 책을 읽어 주고 책에 대한 사랑을 나누는 것은 얼마나 큰 특혜인가! 나는 첫 손주 케이틀린과 칼렙에게 《잘 자요, 달님》, 손주의 아빠가 아기였을 때 좋아했던 《피터 래빗 이야기》, 가정을 원했던 작은 갈색곰 이야기 《꼬마곰 코듀로이》를 읽어 주며 얼마나 기뻤는지 기억한다. 어디서건 손주들에게 책을 읽어 주는 것은 즐거운 일이다. 손주들은 《패딩턴 베어》, 《마더 구스》, 《곰돌이 푸》, 《넌 할 수 있어, 꼬마 기관차》 같은 책을 좋아한다. 우리 모두 좋아하고 특히 마음에 들어 한 책 중의 하나는 《우락부락 염소 세 형제 이야기》이다. 우리는 트롤, 새끼 염소, 염소 형제를 각각 다른 목소

리로 읽는다.

조부모는 손주들의 교육에 이바지할 수 있다. 손주들에게 책을 읽도록 격려하는 것보다 더 좋은 건 없다. 아이들은 주위 어른들이 책 읽기를 좋아할 때 독서의 즐거움을 배운다. 손주들이 열렬한 독서가가 되도록 돕는 데는 큰돈이 들지 않는다. 꼭 같은 방에 함께 있을 필요조차 없다! 바버라 부시가 말했듯이 독서는 우리가 손주에게 줄 수 있는 최고의 선물이다.

조부모는 손주들의 독서를 장려함으로써 학업 성취를 향상시키도록 도울 수 있다. 학업의 거의 90%는 읽기를 요구하는데 심지어 수학도 그렇다. 따라서 모든 학업 능력에서 독서는 가장 중요하다! 독서는 손주들의 상상력, 문법 능력, 듣기와 의사소통 기술을 발전시킨다.

연구에 따르면 아이가 어른이 읽어 주는 것을 잘 들으면 나이가 들수록 들은 이야기를 다시 말할 수 있게 되고 지도받은 내용을 잘 반복할 수 있게 된다. 유치원과 1학년 때 이야기를 잘 듣는 아이들은 3학년이 되면 책을 잘 읽는 경향이 있다. 듣기와 언어 능력이 좋은 5학년 학생들은 고등학교의 적성검사 및 성취도 테스트에서 좋은 결과를 받을 가능성이 커진다. 손주들의 나이에 상관없이 독서를 격려하는 것은 앞으로 살아가는 데 도움을 줄 것이다. 게다가 독서는 인생의 즐거움 중 하나이며 손주들과 함께하는 훌륭한 매개체이다.

아이에게 책을 읽어 주는 동안 아이는 자신이 필요한 사람이며 사랑받고 있다고 느끼는 데 도움이 된다. 또한 손주에게 주변 세상에 대한 인식을 제공하고 경험의 배경을 쌓게 한다. 나는 "만약 당신이 한 권의 책에 감동을 한다면 인생을 바꿀 수 있다."라는 말을 믿는다.

독서에 대한 사랑 심어 주기

오늘날 아이들은 텔레비전, 영화, 비디오 게임, 컴퓨터와 같은 매체에는 몰입하지만, 편하게 앉아 좋은 책을 읽으며 보낼 시간은 없다고 한다. 다행히 우리가 아이들에게 독서에 대한 사랑을 심어 줄 수 있는 간단하면서도 창의적인 방법이 많다. 누군가 말했듯이 평생 독자를 키우는 가장 좋은 방법은 잘 고른 책을 들고 방긋 미소 짓는 것이다. 독서를 자극하는 사람이 되려고 할 때 미소 짓는 것을 잊지 마라!

도서관을 방문하라. 손주가 오면 곧바로 도서관으로 향하는 전통을 만들어라. 공공 도서관에는 책뿐만 아니라 오디오북, 좋은 음악 CD, 교육 게임, 영화 등이 널려 있다. 손주와 함께 책을 보면서 시간을 보내고 손주들이 가장 좋아하는 것을 고르라고 해라. 스포츠 영웅 책만 고를 수도 있고, 발레나 체조에 관한 책을 원할 수도 있다. 물론 제2차 세계 대전 때의 무기와 탱크, 해양학 및 해양 생물, 패션과 스타일에 관한 책을 읽고 싶어 할 수도 있다. 손주가 잠잘 때 읽어 줄 책을 빌려라. 당신이 책을 고를 때 그림책을 읽을 시간을 주어라. 집에 도착하면 손이 닿기 쉬운 장소에 책을 올려놓고 반드시 TV를 끄도록 하라.

책 읽기를 싫어하는 아이라면 함께 책을 읽기 전에 '블랙뷰티'(슈월(Sewel)의 소설 《블랙 뷰티》(1877)의 주인공인 말을 소재로 한 영화)와 같은 영화를 보게 함으로써 격려할 수 있다. 아이들이 단체로 조지 워싱턴, 타이태닉호, 내셔널 지오그래픽 스페셜 같은 프로그램을 시청하는 경우, 비슷한 주제의 책들이 신속하게 학교 도서관에서 사라진다. 어린이들은 시각적 세대이기 때문에 먼저 비디오를 보여 줌으로써 주제에 대해 더 자세히 읽고 싶도록 관심을 자극할 수 있다.

손주들의 개인적인 관심을 활용하라. 아이들은 어떤 주제에 매료되어 더 깊이 알고 싶어 하는 '학습 흥미 중심'이라는 것을 가지고 있다. 손주의 학습 흥미 중심에 다가갈 수 있다면, 그것이 공상 과학이든 우주 탐사이든 오토바이 수리에 대한 것이든 상관없이 손주의 독서를 촉발하는 계기를 만들 수 있다. 손주와 함께 여행할 때 책을 챙기는 것을 잊지 마라!

《빨간 모자》나 《곰 세 마리》를 여러 가지 버전으로 읽어 주면 손주는 이 이야기를 자신의 버전으로 이야기하고 싶어 할 것이다. 손주가 이야기를 시작하면 당신은 마치 손주의 비서처럼 행동하면서 이야기를 받아 적는다. 당신이 받아쓰면 손주는 자기의 생각이 종이 위에 낱말 기호로 옮겨질 수 있다는 걸 배운다. 손주는 자신의 생각을 종이에 표현하는 것에 관심을 보이며 쓰기가 무엇인지 이해하기 시작한다.

손주들을 서점으로 데려가라. 마시는 손주가 집에 와서 밤을 보낼 때 동네 서점의 아이들 구역에서 함께 책을 보면서 레모네이드를 마시는 것을 좋아한다. 이런 활동은 독서를 '재미있는 요소'로 연결한다. 아이들은 할머니가 서점에 데려가서 책을 보여 주고 읽어 주는 것을 좋아한다. 손주들과 함께 공원에서 '동굴 탐험'을 한 뒤 서점에 가면 동굴 탐험에 관한 책을 둘러보고 책을 사서 자기 집 서재에 추가한다. 얼마나 멋진 날인가!

책을 선물로 사라. 손주들에게 주는 많은 장난감은 잃어버리거나 부서지거나 싫증이 나서 버릴 수도 있다. 그러나 아이들이 소중히 여기는 책은 오래 지속될 수 있다. 우리가 생일이나 크리스마스 때 선물로 책을 주는 것은 아이들에게 책이 소중하다는 메시지를 보내는 것이다!

버지니아 페어팩스에 사는 마리아 카이레는 책을 선물로 주는 것을 좋아한다. 일본에 사는 손녀 안나 마리아는 할머니로부터 특별한 책을 선물 받고 열렬한 독서가가 되었다. 안나가 가장 좋아하는 책은 요정에 대한 챕터 북인데, 많은 컬렉션이 있다. 보석 요정 컬렉션, 반려동물 요정 시리즈, 금주의 요정 책 등이다. 마리아는 새로운 요정 책을 발견하면 안나 마리아에게 전화해서 할머니가 우편으로 책을 보냈다는 사실을 알려 준다. 어린 소녀 안나는 패키지가 도착하기를 애타게 기다린다. 요정에 관한 컬렉션이 많으므로 안나 마리아는 항상 다음 요정 책이 들어 있는 우편물을 기다린다.

나는 손주가 관심을 가질 만한 책을 골라 책에 손자나 손녀의 이름과 날짜를 적어 다른 선물과 함께 주는 것을 좋아한다. 다음은 책에 적은 글의 예이다.

"행복한 여덟 번째 생일, 칼렙, 할머니와 할아버지로부터, 2008년 2월."

책 선물과 함께 '최초'로 하는 졸업, 수상, 생일을 기념하는 문구를 적어서 인생에서 중요한 시점을 표시하라. 예를 들어 나는 밀워키에 있고 조세핀이 유치원에 들어가기 직전에, 서점에서 학교를 시작하는 책을 골라 '사랑하는 조세핀이 유치원을 시작하는 2007년 8월에'라고 적었다.

책과 이야기를 녹음하라

마거릿 나블린 부부는 텍사스에 살고, 손주들은 오하이오에 살고 있으므로 1년에 두 번밖에 만나지 못한다.

마거릿은 몇 년 전 큰손자 스테판을 위하여 책을 두 권 만들었다. 하나는 마거릿이 어린아이였을 때 오리에게 먹이를 주기 위해 조부모와 함께 터틀크리크를 방문한 내용이다. 다른 책은 스테판이 가장 좋아하는 마거릿의 노란색 폴크스바겐 차에 대한 것이다. 스테판은 이 차를 '무당벌레'라고 불렀다. 이 두 책은 스테판에게 추억을 만들어 주었다. 마거릿의 딸은 스테판이 이 책들을 반복해서 읽고, 할머니 집을 방문했을 때 찍은 사진을 반복해서 본다고 했다. 마거릿은 손주들이 좋아하는 이야기를 할머니가 읽어 주는 목소리로 들을 수 있도록 CD를 제작했다. 최근에 딸이 손주들이 CD를 꺼내서 듣는다고 알려 주었다. 가장 어린 피터도 할머니 목소리를 알아듣기 때문에 CD 이야기를 주의 깊게 들었다.

멀리 떨어져 있는 손주가 독서를 하도록 장려하기 위해 할 수 있는 좋은 방법이 마거릿이 했던 것처럼 조부모가 책 읽는 걸 녹음하는 것이다. 그러면 손주에게 녹음테이프나 CD를 보낼 수 있다. 꼭 책이 아니더라도 반려동물이나 정원의 새 또는 손주들과 함께했던 추억을 담을 수도 있다.

셜리와 가베는 손주를 위해 오디오북을 만들 때 아이들이 아가씨 책 읽는 것을 좋아했기 때문에 아가씨 이야기를 지어냈다. 또한 꽃밭을 돌아다니는 '펄럭이' 흰나비에 대한 이야기도 했다. 오디오북이나 CD는 당신의 마음을 멀리 떨어져 있는 손주들에게 전해 준다. 또한 당신이 아이들의 읽기와 언어 능력을 격려하는 동안에도 손주들을 사랑하고 돌본다는 것을 확신시켜 준다.

앤은 잠자는 시간에 손주에게 책을 읽어 주는 것을 가장 좋아했다. 앤은 손주들과 함께 읽었던 이야기 중 가장 좋았던 이야기 몇 개를 녹음했다. 그리고 할머니의 목소리를 들으며 손주들이 자신을 기억하기를 원했고, 할머니가 손주들을 늘 생각한다는 것을 알아주기를 바랐다. 손주들은 '할머니 테이프'를 잠들 때와 아파서 학교를 빠질 때마다 들었다. 어떤 이야기는 너무 반복해서 들어서 음질이 안 좋아져 다시 녹음해 달라고 부탁하기도 했다.

녹음할 때 책 페이지를 넘겨야 하는 순간에는 '땡' 하는 소리를 넣는다. 그리고 책과 함께 우편으로 보낸다. 할머니, 할아버지의 친숙한 목소리를 들으면 마음이 편안해지고 차분해지는 효과가 있다.

가족 모두가 협력하여 좋아하는 책을 드라마틱하게 녹음하여 기념 녹음을 만들 수도 있다. 캐릭터의 목소리를 다양하게 바꾸고 음향 효과를 넣고 페이지 넘길 때를 알 수 있도록 '땡' 소리도 넣는다. 좋아하는 노래를 녹음하여 추가로 선물한다. 손주들은 비록 음정이 맞지 않더라도 조부모의 노랫소리를 좋아한다.

요즘에는 웹캠과 음성 오디오 소프트웨어의 기술을 이용해 '라이브'로 책을 읽어 줄 수 있다. 손주의 부모가 큰 모니터를 가지고 있다면, 당신이 읽는 동안 아이가 삽화를 볼 수 있도록 웹캠에 삽화를 갖다 댈 수 있다.

책을 공유하는 조부모

손주가 어느 연령대든지 독서를 하도록 북돋우고 공감하는 지점을 만드는 데 효과적인 방법은 같은 책을 동시에 읽는 것이다. 특히 십 대 손주에게 효과적인 방법이니 시도해 보라! 손주가 학교에서 《샬롯의 거미줄》을 읽고 있으면 그 책을 같이 읽어라. 나중에 손주와 책에 관해 토론할 수 있다. 부모와 조부모가 아이와 읽기를 같이 하는 게 아이의 읽기 능력을 장려하는 방법이라는 것이 연구로 검증되었다.

책 읽기를 전혀 좋아하지 않는 13세 소년은 과학은 즐겼다. 소년은 어렸을 때 하늘을 바라보며 유성이나 북두칠성을 관찰하곤 했다. 그러나 학교 숙제를 하지 않아서 C와 D를 받았다.

어느 날 소년의 선생님이 사막 행성에 사는 사람들의 이야기라면서 《듄》이라는 공상과학소설책을 주었다. 소년은 오랜만에 책에 푹 빠졌다. 소년의 아버지는 《듄》을 구해서 읽었고, 내용에 대해 아

> '나만의 것이다.' 라고 말할 수 있
> 는 아주 좋은 책 몇 권으로 인생을
> 시작한다는 것은 대단한 일이다.
> — 아서 코넌 도일 경

들과 토론할 수 있었다. 책에 대해 의견을 나누면서 두 사람의 관계가 개선되기 시작했다. 그들은 다른 책도 함께 읽었고, 소년의 태도와 성적이 향상되었다.

저자의 세계: 손녀를 위한 독서 클럽

필리스 스탠리는 손녀의 읽기 능력 향상을 위해 여름에 읽기와 쓰기 클럽을 시작했다. 손녀 중 한 명은 열렬한 독서광이었고 다른 한 명은 그다지 관심이 없었지만 둘 다 클럽 활동은 좋아했다. 필리스는 이것을 '저자의 세계'라고 불렀다. 필리스는 24세인 친구에게 클럽 활동을 쉽게 해 달라고 부탁했다. 매주 젊은 여성이 손녀들에게 '즐거운 일'을 해 준다. 손녀들은 영국의 작가와 작품에 대하여 배우고 있다. 예를 들면, A.A. 밀른(《곰돌이 푸》를 쓴 영국의 작가)이나 비어트릭스 포터(《피터 래빗》 시리즈를 지은 영국의 작가) 등이다. 손녀들은 C.S. 루이스의 《나니아 연대기》, 워즈워스의 시, 제인 오스틴까지 다양한 인물을 섭렵했다.

필리스는 손녀들이 클럽 지도자와 책에 관해 토론할 때는 함께 있지 않지만 독서의 전체 과정을 설계하는 것을 도왔다.

필리스는 손녀들에게 장식되어 있는 인용문 상자를 주고 읽은 책에서 좋아하는 인용문 한두 개를 적을 수 있는 흰색 종이를 주었다. 여름에 가졌던 '저자의 세계'를 뒤돌아 보면 손녀들은 추억에 잠길 수 있을 것이다.

독서의 모범

아이들의 독서를 장려하는 가장 강력한 방법은 모범을 보이는 것이다. 손주가 주위에 있을 때 신문, 만화, 책을 읽는 모습을 보여 주어라. 당신이 책을 읽으면서 느끼는 기쁨은 아이에게 영향을 미친다. 함께 읽기는 친밀감을 높인다. 잠자리에서 손주에게 책을 읽어 주며 보내는 시간은 나이에 상관없이 관계에 도움이 된다.

나이가 든 손주에게도 소리 내어 읽어 주는 것이 좋다. 손주들이 책 읽기를 재미로 즐길 수 있도록 도움을 주어 독서를 교과서와 시험으로 연결 짓지 않는다. 저녁 식사 후에 편안히 둘러앉아 좋아하는 책을 부드러운 목소리로 읽어 주어라.

사촌 캠프 동안 나이 많은 아이가 어린 사촌에게 책 읽어 주는 시간을 가질 수 있다. 손주를 데리고 여행을 갈 때는 책을 가지고 가라. 매년 손주의 독서 실력이 향상되는 것을 보면 손주에게 투자한 시간이 절대 아깝지 않을 것이다.

놓칠 수 없는 보물

명작 고전은 손주들에게 꼭 읽게 해 줘야 한다고 생각한다. 아래 나온 책을 당신의 즐겨찾기에 추가하라. 이 책들은 손주들의 언어 발달, 이해력, 폭넓은 어휘력을 키워 주는 튼튼한 배경이 될 것이다.

취학 전 아동

- **배고픈 애벌레, 그리고 에릭 칼의 다른 보드 북 / 에릭 칼**
애벌레가 일주일 동안 먹고 지나간 음식들의 이름과 개수, 알에서 나비가 되기까지의 과정을 아름다운 그림으로 배울 수 있음.
- **씩씩한 마들린느 / 루드비히 베멜먼즈**
파리의 수녀원에서 일어나는 12명의 아이 이야기
- **잘 자요 달님 / 마거릿 와이즈 브라운**
아기 토끼 한 마리가 제 방에 있는 모든 물건들 하나하나에, 심지어는 공기에까지 밤인사를 하는, 단조롭지만 잠자리용 책으

로는 안성맞춤인 책

- **사라는 숲이 두렵지 않아요 / 앨리스 댈글리시 글, 레너드 웨이즈가드 그림**

식민지 시대 미국의 한 남자와 그의 딸에 관한 이야기

- **헴록산의 곰 / 앨리스 돌글리시 글, 헬렌 슈얼 그림**

미지의 존재에 대한 어린이들의 두려움과 자신에게 주어진 일을 완수하였을 때의 뿌듯함을 느끼게 해 주는 동화

- **넌 할 수 있어, 꼬마 기관차 / 피터 와티**

할 수 있다는 생각으로 작은 기관차가 무거운 객차를 언덕 위로 끌어 올리는 일을 해낸다는 내용

- **마더 구스 / 다양한 일러스트레이터**

영미권 아이들이 즐기는 전래 동요, 시, 수수께끼 등

- **피터 래빗 이야기 / 비어트릭스 포터**

작은 시골 농장, 숲속 등을 배경으로 주인공 피터 래빗과 친구들이 엮어 가는 하루하루의 소박하고도 재미있는 이야기

- **모자 사세요 / 에스퍼 슬로보드키나**

머리 위에 모자를 높이 쌓아 올리고 모자를 팔러 다니는 모자 장수와 흉내 내기 좋아하는 원숭이 12마리의 한판 대결을 다룬 재미있는 이야기

- **어린이를 위한 시의 정원 / 로버트 루이스 스티븐스**

작가가 자신의 유모에게 헌정한 동시집

- 아기 오리들한테 길을 비켜 주세요 / 로버트 맥클로스키

보스턴 시민 공원에 사는 오리 가족이 도로로 나와서 교통 혼잡을 빚고는 우왕좌왕하지만, 경찰 아저씨의 도움으로 안전하게 집을 찾아가는 이야기

초등학생

- 피터 팬 / 제임스 매슈 배리

하늘을 날아다니는, 어른으로 성장하지 않는 소년 피터 팬의 모험 이야기

- 오즈의 마법사 / L. 프랭크 바움

캔자스 평원에 살던 소녀 도로시가 회오리바람에 휘말려 집과 함께 마법사와 마녀들이 다스리는 세상으로 떨어지며 벌어지는 이야기

- 말괄량이 서부 소녀 캐디 / 캐럴 라일리 브링크

1860년대 남북 전쟁 시기를 배경으로 개척민으로 살아가는 우드론 집안의 말괄량이 딸 캐디의 성장 이야기

- 조니 트레메인 / 에스더 포브스

미국의 탄생을 직접 목격한 어린 보스턴 수습생의 이야기를 다룬 역사 소설

- **다섯 번의 사월 / 아이린 헌트**

미국 남북 전쟁 시대의 이야기로, 한 소년이 전쟁을 겪으면서 부딪치는 많은 어려움을 극복하는 교훈적이고 감동적인 이야기

- **시간의 주름 / 매들렌 렝글**

주위의 괄시를 받던 세 남자아이가 벌이는 모험 이야기

- **나니아 연대기 시리즈 / C.S. 루이스**

동물들이 말을 하고, 마법이 일상적이며, 선이 악과 대결을 벌이는 '나니아'라는 가상 세계의 이야기

십 대 초반(10~12세)과 고등학생

- **작은 아씨들 / 루이자 메이 올컷**

성격이 각기 다른 네 자매가 어려운 가정 환경 속에서도 자신들의 꿈을 키우면서 아름답고 당당하게 성장해 가는 모습을 따뜻하면서도 감동적으로 그린 작품

- **작은 신사들 / 루이자 메이 올컷**

《작은 아씨들》의 후속작으로 플럼필드의 기숙 학교에서 일어나는 장난꾸러기 소년들의 이야기

- **조의 아이들 / 루이자 메이 올컷**

《작은 신사들》의 10년 후의 모습을 다룬, 성공과 재난이 다양

한 각도로 변화하는 모습에 대한 이야기. 《작은 아씨들》의 완결편

- **오만과 편견 / 제인 오스틴**

젊은이들이 서로 만나고 호감(혹은 반감)을 느끼고 청혼을 거쳐 결혼에 이르는 과정을 다룬 소설

- **호빗 / J.R.R. 톨킨**

호빗 빌보와 13명의 난쟁이가 함께 떠나는 환상적인 여행 이야기

- **반지의 제왕 / J.R.R. 톨킨**

민간에 전승되는 유럽의 옛 설화를 바탕으로 호빗족의 영웅 '프로도 배긴스'의 영웅담을 그린 장대한 규모의 작품

- **제인 에어 / 샬럿 브론테**

19세기 영국의 보수적인 사회 분위기에서 자신의 노력과 의지로 시련을 극복하고 사랑과 행복을 이루고 자아실현에까지 이르는 과정의 이야기

- **폭풍의 언덕 / 에밀리 브론테**

황량한 언덕의 외딴 저택을 배경으로 남녀 간의 비극적인 사랑을 다룬 이야기

- **천로역정 / 존 번연**

청교도의 신앙 체험을 바탕으로 한 종교 우화 소설

- **이상한 나라의 앨리스 / 루이스 캐럴**

심심하고 따분한 날을 보내던 앨리스가 이상한 나라에서 벌이
는 기묘하고 놀라운 체험 이야기

- **거울 나라의 앨리스 / 루이스 캐럴**

《이상한 나라의 앨리스》의 속편. 거울 속 세상으로 들어간 앨리
스의 모험 이야기

- **모히칸족의 최후 / 제임스 F. 쿠퍼**

미국 원주민 인디언들과 식민지 쟁탈전을 벌이던 영국, 프랑스
간의 전쟁을 그린 역사 소설

- **이 세상의 모든 크고 작은 생물들 / 제임스 헤리엇**

젊은 수의사가 인간과 동물 사이에서 겪는 따뜻하고 즐겁고 유
쾌한 이야기. 수의사 헤리엇의 연작은 놀라운 이야기와 생명에
대한 깊은 사랑으로 가득하다.

《이 세상의 눈부시게 아름다운 것들》, 《이 세상의 똘똘하
고 경이로운 것들》, 《그들도 모두 하느님이 만들었다》, 《수의
사 헤리엇의 개 이야기》, 《수의사 헤리엇이 사랑한 고양이》,
《수의사 헤리엇이 사랑한 동물들》이 있다.

- **허클베리 핀의 모험 / 마크 트웨인**

주정뱅이 아빠의 매질을 피해 도망친 허클베리 핀이 겪는 모험
이야기

- **톰 소여의 모험 / 마크 트웨인**

미시시피강 변을 배경으로 펼쳐지는 아이들의 신나는 모험 이

야기

- **아기 사슴 이야기 / 마조리 롤링스**

정직하고 부지런한 조디와 우연히 키우게 된 아기 사슴과의 우
정 이야기

한국그림책출판협회에서 발행한 '2005 Korea Picture Books 100', 어린이도서연구회에서 발행한 '세계 어린이에게 보여 주고 싶은 한국 그림책 100선' 등을 참고하고 어린이도서연구회의 오혜경, 이진숙, 강윤미의 추천 목록을 참고하여 번역자가 작성하였다. 서명의 가나다순으로 정렬하고, 조부모가 이야기 소재로 등장하는 책은 파란색으로 표시하였다.

취학 전(0세-3세)

• 달님 안녕 / 하야시 아키코
달님이 점차 환하게 떠오르다가 구름에 가려지고 다시 달님이 모습을 드러내는 모습을 의인화한 그림책. 밤하늘과 달님 얼굴, 구름, 집, 고양이 그림을 쉽고 간결한 언어와 더불어 섬세하게 표현

• 두드려 보아요 / 안나 클라라 티들롬
막 말을 배우기 시작하는 만 1세부터 3세 유아용 그림책. 유아 스스로 책 속의 주인공이 되어 책 속의 문을 "똑똑" 두드리고, 그 방에 있는 다양한 동물과 사물을 만나면서 인지력을 키울 수 있음

• 뭐하니? / 유문조 글, 최민오 그림
책에 익숙하지 않은 유아들에게 신나는 책의 세계로 들어가는 첫 걸음마를 익혀 주는 책. 동물들의 뒷모습과 앞모습이 반복되는 단순한 구성으로 만 2세 이전의 유아가 좋아하는 그림책

- 잘 자요, 달님 / 마거릿 와이즈 브라운 글, 클레멘트 허드 그림

잠자리에서 아이들에게 읽어 주는 '베드타임 북'. 아기 토끼 한 마리가 제 방에 있는 물건들 하나하나에, 심지어 공기한테조차 밤 인사를 하고 잠드는 모습이 무척 정겹고 나른하게 표현되어 있음. 깔끔하게 아이 재우는 책으로 최적임

- 잘잘잘 123 / 이억배

1세부터 3세까지의 유아들을 위한 말문 틔우기 그림책. 우리나라 전래동요 '잘잘잘'을 유아들을 위해 새롭게 편집하여 반복되는 구절과 리듬을 통해 아이들의 말하기 능력을 향상시켜줌

- 타세요 타세요 / 홍진숙

탈것이 나오는 0~3세용 그림책. 이제 막 세상과 친해져야 하는 아이들에게 탈것에 대한 두려움을 없애고 자기 자신 외의 대상과의 소통을 적극적으로 하게 하는 재미와 용기를 심어줌

취학 전(4세-6세)

- 강아지똥 / 권정생 글, 정승각 그림

아무짝에도 쓸모없는 것처럼 여겨지는 강아지똥이 민들레꽃을 피워 내는 데 소중한 거름이 된다는 이야기. 생명과 자연의 가치를 가르쳐 주어 자연을 사랑하고 사람을 소중히 여기는 마음

을 배울 수 있음

- **검피 아저씨의 뱃놀이 / 존 버닝햄**

옆집 아저씨랑 뱃놀이를 떠나는 아이들과 동물들의 이야기. 갓 말을 배운 어린이의 말투처럼 짧고 어눌하게 쓰여 있는 문장이 친근감이 있음. 다양성과 존중, 배려의 공동체 모습을 실감 나게, 유쾌하게 그린 명작

- **곰 세 마리 / 폴 갤돈**

영국의 옛이야기인 '곰 세 마리'를 다시 쓰고 그린 그림책. 어린이가 성장 과정에서 부딪치는 정체성의 혼란과 형제간의 갈등을 상징으로 다룬 이야기로 유쾌한 이야기와 생동감 넘치는 그림으로 몰입할 수 있음

- **괴물들이 사는 나라 / 모리스 샌닥**

현실과 판타지의 세계를 자연스럽게 구분할 수 있도록 독특하게 구성. 괴물들의 동작과 기발한 표정이 보는 즐거움을 더해 줌

- **구름공항 / 데이비드 위즈너**

평범한 일상을 특별한 시간으로 만들어 주는 생기 넘치는 상상력의 힘을 극적으로 보여 주는 그림책. 삶의 신선한 변화는 발상의 힘, 상상의 힘을 가진 사람들이 가져온다는 진리를 보여 주는 작품

- **까만 코다 / 이루리 글, 엠마누엘레 베르토시 그림**

전통적이며 정교한 회화 기법과 동화적인 상상력이 수려한 조

화를 이룸으로써 북극의 풍경을 생생하면서도 서정적으로 담아
낸 그림책

- **난 내가 좋아! / 낸시 칼슨**

아이들이 스스로를 멋진 존재로 인식하고 건강한 삶의 태도를
갖도록 돕기 위한 그림책. 사회의 그릇된 통념으로 자신에게 불
만을 갖게 된 아이들이 돼지 소녀처럼 당당하게 자랄 수 있도록
함

- **내 귀는 짝짝이 / 히도 반 헤네흐텐**

따돌림당하던 토끼가 친구들과 화해하는 이야기. 사람은 서로
다르게 생겼고 다르다고 차별하면 안 된다는 것을 일깨워 줌.
예쁘고 사랑스러운 글과 그림의 유아용 그림책

- **늑대가 들려주는 아기 돼지 삼 형제 이야기 / 존 셰스카, 레
인 스미스 그림**

누구나 알고 있는 '아기 돼지 삼 형제' 이야기를 돼지가 아닌 늑
대가 주인공이 되어 이야기하는 것으로 재창작한 그림책. 아이
들에게 다른 각도에서 다시 생각해 볼 수 있는 기회를 주고 다
양한 상상력을 이끌어 냄

- **만희네 집 / 권윤덕**

주인공 만희의 일상을 따라 부엌, 안방, 광, 장독대 등 집 안의
모습과 식구들의 생활을 동양화풍의 그림과 함께 보여 줌. 식
구들의 손때가 묻은 살림살이들과 집 안의 정감 넘치는 사물을

정성스럽게 그림으로 표현

• 무지개 물고기 / 마르쿠스 피스터

몸에 반짝이 비늘이 많은 물고기가 예쁜 것을 뽐내다가 친구를 잃고 나서야 자신의 잘못을 깨닫고 반짝이 비늘을 친구들에게 하나씩 나눠 주어 모두가 행복해지는 이야기

• 반쪽이 / 이미애 글, 이억배 그림

모습은 반쪽이지만 마음도 착하고 힘도 세고 지혜도 남다른 반쪽이 모습이 어색하거나 이상하지 않게 잘 표현되었으며 반복 구성을 잘 살림. 겉모습이 보잘것없더라도 행복하게 살 수 있다는 교훈을 알려 줌

• 선인장 호텔 / 브랜다 기버슨 글, 메건 로이드 그림

동물들과 서로 도움을 주고받으며 자신의 모든 것을 아낌없이 내어 주는 선인장의 일생을 통해 자연의 순리를 배우며 사막의 생태계를 알기 쉽게 보여 주는 생태 그림책. 따스한 색감의 그림이 마음을 사로잡음

• 손 큰 할머니의 만두 만들기 / 채인선 글, 이억배 그림

무엇이든지 엄청나게 크게 하는 손 큰 할머니가 설날을 맞아 숲속 동물들과 세상에서 제일 커다란 만두 만들기 소동이 활기차고 재미있음. 그림책에 나오는 동물 얼굴 표정이 온화하여 읽으며 웃음이 번짐

• 시리동동 거미동동 / 권윤덕

책의 바탕은 제주도 꼬리따기 노래로 아이들이 자주 부르는 말 잇기 노래. 꼬리따기 노래 몇 개를 보태고 다듬어 만들어 운율이 맞아떨어지고 머릿속의 연상작용이 더해져 재미있게 따라 읽을 수 있음

• 엄마 마중 / 이태준 글, 김동성 그림

전차 정류장에서 엄마를 기다리는 아이의 이야기를 담은 그림책. 이태준의 짧은 글에 김동성 작가의 서정적인 그림이 더해져 탄생한 작품으로 동양적 서정으로 엄마를 기다리는 아이의 마음을 애틋하게 표현

• 엠마는 할머니가 좋아요 / 수지 모건스턴, 세브린 코르디에 그림

작고 사랑스러운 소녀 엠마를 통해 아이의 심리를 재치 있게 풀어낸 재미난 생활 동화. 아이들의 눈높이에 맞춘 구성과 글의 재치가 돋보이며 엉뚱하고 기발한 재치가 넘치는 이야기를 재미있게 풀어 나감

• 여우난골족 / 백석 글, 홍성찬 그림

일가친척들이 모여 풍성하고 떠들썩한 명절 풍경을 어린이의 시점으로 구수한 평안도 사투리로 자연스럽고 진실하게 담아냄. 지금은 희미해진 명절의 흥겨움을 홍성찬의 깊이 있고 정감 넘치는 그림으로 표현함

• 우락부락 염소 세 형제 이야기 / 아스비에른센

'괄괄이'라는 이름을 가진 염소 삼 형제가 못생긴 괴물 '트롤'을 만나 벌어지는 사건 사고 이야기. 아무리 어려운 난관도 지혜와 용기를 발휘해 힘을 합치면 너끈히 헤쳐 나갈 수 있음을 아이들에게 일깨워 줌

• 위층 할머니 아래층 할머니 / **토미 드 파올라**

주인공이 할머니를 아래층 할머니, 항상 위층 방 침대에서만 지내는 증조할머니를 위층 할머니라 부르며 죽음은 끔찍하고 고통스러운 것이 아니라 지극히 자연스러운 자연의 방식임을 일깨워 주는 이야기

• **장갑 / 에우게니 라초프**

우크라이나의 민화를 새롭게 그린 그림책. 한 할아버지가 눈 내리는 숲속에 떨어뜨린 장갑 한 짝에 숲에 사는 동물들이 차례로 들어가는 이야기로 동물들의 특징을 살린 그림과 대화가 리듬감 넘치게 펼쳐짐

• **재미네골 / 중국 조선족 설화, 홍성찬 그림**

중국 조선족 설화 중 '재미나게 사는 마을'이라는 뜻의 '재미네골'의 정이 많고 인심이 좋은 조선 사람들의 마음 씀씀이를 홍성찬의 생생하고 정겨운 그림과 신명 나는 우리 가락 판소리로 감상할 수 있음

• **지하철은 달려온다 / 신동준**

지하철을 타고 어딘가로 가고 내리는 과정을 지하철 표, 노선

도, 그림 등을 통해 간단하고 재미있게 표현함. 아이들에게 주변에 대한 관심과 호기심을 갖게 하여 다양한 상상의 세계를 펼칠 수 있도록 도와줌

- **파도야 놀자 / 이수지**

2008년 뉴욕 타임스 우수 그림책에 선정된 작품. 바닷가에 놀러 온 소녀의 하루를 자유로운 먹선과 파란색, 흰색만을 사용하여 역동적이고 생동감 있게 담아낸 글자 없는 그림책

- **팥죽 할머니와 호랑이 / 조대인 글, 최숙희 그림**

할머니와 호랑이가 팥밭 매기 시합을 하고 여러 물건들은 할머니를 도와 호랑이를 이기고 쫓아 버린다는 이야기. 교훈과 해학을 맛볼 수 있고, 재미있게 그린 그림은 아이들이 이야기에 한층 더 빠져들게 함

- **할머니랑 나랑 닮았대요 / 정미라**

아기와 할머니의 즐거운 일상을 따라가며 두 사람의 닮은 모습을 율동감 있게 엮어 낸 아기 그림책. 세밀하고 따뜻한 그림은 아기와 할머니의 표정과 몸짓을 생동감 있게 보여 주며 유대감과 사랑을 전해 줌

- **할머니에겐 뭔가 있어 / 신혜원**

순진무구한 아이와 능청스러운 할머니의 건강하고 맛있는 먹을거리에 대한 이야기. 씨 뿌리고 물 주고 돌보아 거두는 과정들을 흥미롭게 보여 주며 음식의 소중함과 농부에 대한 고마움을

깨닫게 하는 그림책

- 할머니의 여름휴가 / **안녕달**

현실과 환상을 자유롭게 넘나드는 태연한 상상력이 돋보이는
저자 특유의 이야기. 안녕달 작가 특유의 엉뚱하고 태연한 상상
력으로 휴가와 여행의 즐거움이 기분 좋게 펼쳐짐

- 할아버지의 이야기 나무 / **레인 스미스**

증조할아버지가 만든 정원에서 뛰노는 손자의 이야기. 할아버
지의 아주 오래된 기억들이 기발한 모양으로 꾸며진 나무가 되
어 우리에게 놀라운 이야기를 들려줌

- **해님달님 / 송재찬 글, 이종미 그림**

'해와 달이 된 오누이' 옛이야기를 토대로 만들어진 그림책. 배
경과 세부 묘사를 없애고, 호랑이에게만 집중시킨 그림으로 으
스스한 느낌보다는 밝고 경쾌한 느낌으로 이야기를 이끌어 감

초등학생

- **개구리와 두꺼비가 함께 / 아놀드 로벨**

어른스러운 개구리와 엉뚱한 두꺼비가 다르지만 서로를 아주
아끼고 살아가며 함께 용기, 의지, 인내심, 계획성 등을 배우는
과정을 엮어 가는 재밌고도 유익한 이야기. 책 읽기 싫어하는

아이들이 쉽게 볼 수 있음

• **과자 / 현덕 글, 이형진 그림**

어린이들의 천진한 모습을 통해 시대를 초월한 동심의 세계를 보여 주는 그림책. 6·25 때 월북한 작가 현덕의 작품으로, 간결한 문장과 운율을 살린 언어, 개성을 지닌 인물이 잘 조화를 이루고 있음

• **귀머거리 너구리와 백석 동화나라 / 백석 글**

'귀머거리 너구리', '개구리네 한솥밥', '집게네 형제', '오징어와 검복' 네 편의 작품은 사람 사는 모습을 떠올리게 하는 동물 나라 이야기로, 자신의 본연에 충실하며 바르고 정의롭게 사는 방법을 보여 줌

• **꼬마 모모 / 마쓰타니 미요코**

꼬마 모모가 태어나서부터 세 살이 되어 어린이집을 졸업할 때까지의 이야기가 담겨 있는 모모네 집 이야기 시리즈 1권. 유쾌한 모모의 성장 기록이 직접 보는 듯한 공감을 불러일으킴

• **남쪽의 초원 순난앵 / 아스트리드 린드그렌**

빨간 새를 따라 아름다운 봄 풍경이 펼쳐져 있는 따뜻한 순난앵 마을로 떠난 오누이 마티아스와 안나의 아름답고 슬픈 이야기

• **넉 점 반 / 윤석중 글, 이영경 그림**

'넉 점 반'은 '네 시 반'이라는 뜻. 아직 시계가 집집마다 없었

던 그 시절, 한 여자아이가 동네 구멍가게로 시간을 물으러 간 이야기. 신기한 것이면 무엇이든 넋을 빼앗기는 아이의 모습을 따뜻하고 실감 나게 그려 냄

- **다람쥐와 마법의 반지 / 필리파 피어스**

숲속에서 초록요정을 구해 준 목동이 다람쥐 아내를 만나 살면서 벌어지는 사건 전개가 손에 땀을 쥐게 함

- **모래알 고금 / 마해송**

전체 3부작으로 된 장편 동화. 부모가 자식에 대한 편애를 극복하고 진정한 가족의 사랑을 찾아가는 과정을 따뜻하게 그리고 있으며 가족의 진정한 의미에 대해 되새겨 보게 함

- **몽실언니 / 권정생**

한국 전쟁 전후를 배경으로, 어린 몽실이가 부모를 잃고 동생 난남이를 업어 키우며 겪는 고난과 성장을 그린 작품. 우리 현대사의 굴곡이 고스란히 녹아진 처참한 가난 속에서도 인간다움을 잃지 않고 이웃과 세상을 감싸 안은 한 소녀의 위대한 성장기

- **백두산 이야기 / 류재수**

백두산의 탄생 설화를 모티브로 우리 민족의 삶과 정체성을 담음. 소리가 들리고 에너지가 느껴지는 그림을 통해 시각적 자극의 즐거움을 주며 백두산의 웅장하고 장대한 모습을 느낄 수 있음

- **별을 사랑하는 아이들아 / 윤동주 시**

윤동주 시인의 동시집. 동시집의 1~3부에는 시인 자신이 '동시' 또는 '동요'라고 밝힌 작품들을 소개하였으며, 4부에는 동시는 아니지만 어린이들이 이해할 수 있다고 여겨지는 시들을 싣고 있음

- **산골에 도깨비가 와글와글 / 채인선**

온이와 일곱 도깨비의 우정과 성장을 그린 장편 동화. 어수룩해서 더 사랑스러운 일곱 도깨비가 서로를 알아 가고 사람과 어울리고 무시무시한 산귀신을 물리치며 한뼘 한뼘 커 가는 이야기

- **수호의 하얀말 / 오츠카 유우조 글, 아카바 수에키치 그림**

몽골의 악기인 '마두금'이 어떻게 생겨났는지의 이야기. 인간의 믿음과 사랑, 탐욕과 권위, 사랑의 상처와 극복, 카타르시스에 대한 이야기를 잔잔하고 또 애잔하게 담아내어 오랫동안 감동과 여운을 주는 책

- **작은 책방 / 엘리너 파전**

영국 아동 문학을 대표하는 엘리너 파전의 짧은 동화를 모은 책. 재미있는 20편의 동화가 담겨 있으며 각 작품의 등장인물은 예상을 뛰어넘는 결말을 보여 줌

- **잘한다 오광명 / 송언**

얼굴에 흉터 사라질 날 없고 만날 사고만 치는 말썽쟁이 오광명과 그런 오광명을 따뜻하게 보듬어 주는 털보 선생님의 이야기

를 그린 창작 동화

• **호랭이 꼬랭이 말놀이 /오호선**

우리의 전래 동요나 옛날이야기에 담긴 독특한 상상의 세계와
난센스를 살려 내면서 새로 쓴 말놀이 15편이 담겨 있음. 꼬리
에 꼬리를 물고 이어지는 말놀이는 어린이의 흥미를 끌기에 좋
음

• **홍당무 / 쥘 르나르**

어린 시절의 경험을 토대로 쓴 자전적 성장 소설. 가족 안에서
느끼는 소외감, 가족에게 따뜻한 사랑과 이해를 바라는 마음,
부모로부터 독립을 선언하는 반항 등의 경험이 유쾌하고 재미있
게 담겨 있음

청소년

• **꽃할머니 / 권윤덕**

1940년 무렵 열세 살의 나이로 일본군에 끌려가 말 못 할 고초
를 겪은 위안부 피해자 심달연 할머니의 증언을 토대로 만들어
짐. 전쟁과 폭력에 반대하고 평화를 사랑하는 마음을 정제된
슬픔으로 표현함

• **도착 / 숀탠**

저자가 살고 있는 호주의 이민사를 그린 서사시 같은 글 없는 그림책. 총 781컷의 그림에 숨겨졌던 의미들을 찾아내어 읽어야 함. 새로운 세계로 나아가는 사람의 두려움과 고독, 극복의 과정을 잘 그리고 있음

- **자유의 길 / 줄리어스 레스터 글, 로드 브라운 그림**

미국의 노예 제도를 정면으로 마주 보는 그림책. 노예들이 자유를 빼앗기고 고통받았던 삶의 모습과 자유를 향한 몸부림과 그들을 도운 사람들의 이야기도 함께 담겨 있음

15
최고의 선물

조부모는 쌓아 온 경륜과 삶의 지혜를 손주에게 물려줄 수 있다.

손주들은 활기 넘치는 생활과 풋풋한 젊음으로 조부모가 젊게 살아갈 수 있는

힘을 줄 수 있다. 조부모와 손주는 과거와 미래를 이어 주는

사랑의 사슬을 함께 만들어 간다.

사슬은 길어질 수는 있지만 절대 끊어지지는 않을 것이다.

— 무명씨

미국 사람들은 서로 선물을 주고받는 걸 아주 좋아하는 것 같다. 소비자 조사에 따르면 2007년 크리스마스 시즌 동안 선물용 상품 구매에 2억 달러 넘게 지출했다. 그중에서 현재 성인 인구의 3분의 1이 넘는 수가 조부모였다.

사랑하는 손주들에게 선물을 주는 것을 좋아하는 것과는 별개로, 손주들이 좋아할 선물을 선택하는 건 엄청 어려운 일이다. 때때로 조부모가 심사숙고해서 건네준 선물 때문에 아이와 아이의 부모가 갈등을 겪을 수도 있다. 멀리 살아서 자주 만나지 못하는 안타까운 마음에 값비싼 선물을 주는 경우, 아이의 부모가 두 아

이 중 한 아이에게만 선물이 집중되었다고 생각하는 경우에는 문제가 발생하기도 한다.

때로는 어느 어른이 가장 값비싼 선물을 주었는가로 어른의 가치를 판단하게 하는 오류가 발생하기도 한다. 딸 내외가 자녀에게 줄 수 있는 것보다 훨씬 큰 성탄절 선물을 보내서, 사위로부터 부모의 선물을 작고 하찮은 것처럼 보이게 만들었다고 핀잔을 받은 사람도 있다. 이러한 일들은 문제가 발생하기 전에 어른들끼리 서로 의견을 주고받으면 대부분 예방할 수 있다. 이걸 선물해도 괜찮을까 하는 마음이 든다면 먼저 아이의 부모에게 물어보라!

어떤 때는 발품을 팔아 가며 준비한 선물이 손주네 집 벽장에서 뒹굴거나 벼룩시장에 내놓은 물건 신세가 될 수도 있다.

공책 쇼핑

나는 조부모의 사려 깊은 생각에 늘 놀라곤 한다. 일리노이주의 한 할머니는 여러 해 동안 각각의 손주 생일이나 크리스마스 전에 '공책 쇼핑'이라는 전통을 이어 간다. 이 할머니는 재산이 많지는 않았지만 각 손주를 위해 따로 돈을 마련했다. 할머니와 따로 만나는 저녁은 그 자체로도 특별하지만, 무엇보다도 할머니가 손주의 이야기를 듣고 있다는 것이 가장 중요하다. 두 사람은 매장을 3

개 정도 방문한 다음 아이가 자기가 갖고 싶은 물건을 지목하면, 할머니는 아무런 의견을 달지 않고 공책에다 그 물건을 적는다.

할머니는 식사를 하면서 손주의 관심을 끈 물품이 무엇인지 물어본다. 손주의 생각과 느낌을 이해하는 데 도움이 되는 질문을 던지며 대화를 이어 간다. 할머니는 나중에 그 목록에서 선물 대상을 뽑는다. 손주들은 그날 외출에서는 아무것도 사지 않았지만, 이 방법이 바로 할머니의 '공책 쇼핑' 진행 방식이라는 것을 미리 알고 있었다.

한번은 공책을 보며 선물을 고르는 할머니에게 점원이 공책 쇼핑이 뭐냐고 물어서 할머니가 설명해 주었다. 점원이 "저는 할머니의 양녀가 되고 싶어요!"라고 말해서 할머니는 그러자고 했다. 할머니와 점원은 그다음 주 쇼핑몰에서 만날 계획을 세웠다. 두 사람의 관계는 수년간 지속되고 있다.

그렇다면 손주들은 공책 쇼핑 전통에 대해 어떻게 생각할까? 손주들은 대학에 다닐 때도 여전히 공책 쇼핑을 원했다. 손주들은 할머니가 그들이 원하는 것과 느낌을 듣기 위해 저녁 시간을 비워 둘 만큼 이 일을 하는 좋아했다.

특별한 선택과 시간

손주들은 대부분 레스토랑과 상점에 데려가는 것을 좋아하는 것 같다. 아이들은 특별한 일대일 시간을 고마워하고 자신이 선물을 선택하는 것을 좋아한다. 우리 사돈은 손녀가 선택한 식당에서 두 사람이 특별한 저녁 식사를 하고, 누구의 간섭도 받지 않고 자신이 선택한 의상이나 장난감을 고를 수 있도록 손녀를 가게로 데려간다. 오로지 둘만을 위한 기념행사는 얼마나 근사한가! 몇 달 전부터 손녀들은 할머니와 함께하는 행사를 기대한다.

> 중요한 것은 선물의 크기가 아니라 선물을 주는 마음의 크기이다.
> — 에일린 엘이아스 프리먼

중서부에 사는 셜리 할머니는 손주가 세 살이 될 때부터 생일이 되면 점심에 외식을 하고 가게에 들러 미리 정한 가격에 맞는 선물을 고르게 한다. 열셋이나 되는 손주가 모두 성장해 결혼했지만, 지금도 할머니와 생일날 식사를 하고 싶어 한다. 현재는 저녁 외식으로 바뀌고 배우자가 포함된다.

알렉산더 부부는 휴스턴에 사는 손주 셋에게 매년 똑같이 비행기표를 보냈다. 손주들은 다섯 살 때부터 비행기를 타고 와 5일간 조부모와 함께 지냈다. 손주들은 비행기를 타는 것을 매우 어른스럽고 특별하다고 느꼈고 조부모의 집에서 지내는 동안 유일한 아이가 된다. 그리고 손주가 스스로 자기 장난감을 고를 수 있는 나들이를 한다.

비행기 티켓을 받고 조부모와 함께 시간을 보내고 장난감 가게에 들러 스스로 장난감을 고르며 뿌듯해하는 어린아이를 상상할 수 있는가? 아이들의 부모는 다섯 살이나 여섯 살짜리 아이들이 혼자 비행기를 타는 것에 대해 주저하지 않았고 협조적이었던 것 같다. 그래서 부모를 칭찬하고 싶다!

선물 주기를 위한 창의적인 아이디어

크리스마스 시즌의 12일. 버지니아주 페어팩스에 사는 마리아는 일본 오키나와에 사는 손녀 안나와 에마에게 줄 선물을 찾는 것을 좋아한다. 크리스마스 때에 마리아는 안나와 에마에게 작은 선물을 열두 개 사서 각각 포장한 뒤 우편으로 보낸다. 손녀들의 엄마인 크리스티나는 아이들 방에 있는 작은 크리스마스트리 아래에 선물을 둔다. 크리스마스 전 12일 동안 매일 밤 손녀들은 조부모가 보낸 작은 선물을 열어 본다.

어느 날 밤 여섯 살짜리 안나가 물었다.

"아빠, 아빠는 할머니가 요정 대모라고 생각해?"

"왜 그렇게 생각하니?"

"나는 잠잘 때 좋아하는 일에 대해서 꿈을 꾸는데 너무 멋지게도 다음 날 그것들이 할머니의 상자에 있어. 나는 정말로 할머니가 요정 대모라고 생각해."

안나와 에마는 태평양을 가로질러 도착한 사려 깊은 선물들을 통해 손녀를 생각하는 할머니의 사랑을 깨닫는다.

소장품 선물. 패티는 손주들에게 주고 싶은 것에 대해 오랫동안 열심히 생각했다. 패티는 모든 사람이 특별한 소장품을 좋아한다고 믿고, 손주들의 출생을 기념하는 요람부터 손주들의 소장품을 시작하기로 했다. 손주들의 생일날과 크리스마스 기간마다 소장품을 추가로 샀다. 선물을 사는 것은 무척 즐거운 일이었다. 큰손주 네이선이 태어났을 때 손자에게 준 선물은 할아버지의 훌륭한 시계였다. 그 후 패티는 손자에게 크고 작은 물건을 가끔 사 주었다. 손자의 결혼식 선물은 점점 희귀해지고 있는 커다란 석화 나무 판이었다. 네이선은 스스로 미술품 수집가가 되어 작년에 첫 번째 그림을 샀다.

니콜라스에게 준 첫 번째 선물은 직물 작품이었다. 패티는 수년 동안 직물 예술가들이 만든 구슬 장식이 있는 퀼트와 벽걸이를 샀다. 젭을 위해서는 동전을 수집했다. 젭은 다양한 동전을 소장품으로 가지고 있는데 가치가 상승하였다. 조슈아의 탄생 선물은 패티가 뉴멕시코에서 사랑하게 된 독특한 스페인계 미국인의 예술 작품이다. 조슈아가 할머니를 만나러 오면 마음에 드는 작품을 고를 수 있도록 전통적인 스페인 예술품 가게에 데려가기 시작했다. 조슈아가 열여덟 살 때 애니카 로메로 존스의 작품 전시회를 보러 산타페의 유명한 갤러리에 갔다. 조슈아는 예술가와 이야기하고 함께 사진을 찍었다. 예술가는 조슈아가 자기의 작품을 수집하는 걸 알고 기뻐했다. 다른 손주들과 마찬가지로 조슈아도 패티가 시작해 준 스페인계 미국인 예술가의 미술품 수집을 매우 자랑스러워한다.

교습 또는 교육 기금의 선물. 손주들에게 의미 있는 선물을 줄 수 있는 방법을 찾고 있다면 부모에게 물어본 후 대학 등록금을 마련하는 걸 고려해 볼 수 있다. 또는 음악, 테니스 또는 미술 등 손주들이 교습받기를 원하지만 여유가 없었던 것에 비용을 지급할 수도 있다.

다른 어린이를 위한 조부모 역할 선물. "손주들이 가까이에 살지 않는 것이 일상생활에서 손주를 가질 수 없다는 것을 의미하지는 않는다.", "우리 주위에는 더 나이 많고 더 현명한 사람들이 필요한 어린이를 둔 가족이 있다."라고 《최고의 조부모 되기》에서 팀과 대시 킴멜 박사는 썼다.

손주와 증손주를 많이 둔 플로 퍼킨스는 수십 년 동안 오클라호마시티 지역의 많은 아이의 대리 조부모였다. 텍사스에 사는 클라라도 같은 일을 한다. 클라라는 자기 손주들에 엄청 잘하지만 엘더호스텔(대학에서 중장년들에게 숙식을 제공하며 단기 집중 강좌를 운영하는 국제 비영리 단체) 여행에서도 아이들을 손주 삼아서 집에 머물게 하고, 이웃 아이들에게도 '할머니' 역할을 한다.

은퇴 교사이면서 고등학교 밴드 지휘자의 미망인인 클라라는 한 어린이에게 초등학교에 다닐 때 음악 교습을 해 주겠다고 먼저 제안하면서 이러한 관계를 시작했다. 이제 그 어린이는 최고 학년을 시작하려고 한다. 지난 몇 번의 여름 동안 인근 병원에 자원봉사를 나간 일은 최고의 프로젝트였다. 클라라는 동네 아이들을 모아서 시내버스를 타고 목적지에 간다. 그리고 어린이들로 하여금 참가하게 하고, 훈련하게 하고, 전념하게 한다. 어린이들은 클라라와 함께 일하면서 봉사하는 법을 배운다. 아이들은 병원 환자들을 보며 자기 삶을 감사하게 생각하고, 그런 경험을 할 수 있게 안내하는 클라라에게도 감사를 표한다.

좋은 추억의 선물

시어머니 미미는 나의 영웅이다. 다음 글은 우리 딸 알리가 할머니를 추억하는 글이다. 내가 미미를 왜 영웅이라고 하는지 알 수

있을 것이다.

〰〰〰〰〰〰〰 할머니와 관련하여 내가 가장 좋아하는 추억은 빌린 영화를 연속으로 두 편을 보고 밤늦게까지 자지 않은 것이다. 나는 '바람과 함께 사라지다'를 비롯해 훌륭한 고전 영화를 할머니와 함께 보았다. 할머니는 어린이 채널도 내가 원하는 만큼 오랫동안 함께 보았다. 비록 할머니에게는 지루했을지 몰라도 내가 재미있다고 하면 함께 참여했고, 나는 즐거웠다. 어린 나는 내가 좋아하는 것들을 할머니가 함께 즐거워해 주는 것을 너무나 당연하게 생각했다. 그것이 결코 쉬운 일이 아니라는 것을 그때는 결코 알지 못했다.

할머니가 주는 선물은 아주 멋졌다. 나는 포후스카의 작은 마을에서 월마트에 가는 걸 좋아했다. 하지만 가장 마음에 들었던 것은 할머니가 내게 원하는 것을 물어보고 우리는 그걸 했다는 것이다. 할머니는 내가 고른 음식이 무엇이든지 함께 먹는 것이 매우 즐거운 것처럼 행동하였다. 또한 내가 스틸워터의 에스키모 조(호주의 록 밴드)에게 가는 특별한 여행을 좋아한다는 것을 알고 있었기 때문에 불쑥 차를 타고 그곳에 갔다. 나는 할머니와 편안하게 함께 시간을 보낼 수 있다는 것이 정말 고마웠다. 어떤 일정이나 아무런 가식도 없었다. 할머니는 그냥 많은 이야기를 들어 주었다. 나는 이제 할머니는 '단지 함께 보내는 시간을 즐기는' 사람이라는 것을 안다. 할머니는 나와 함께 시간을 보내는 데 아주 헌신적이고 베푸는 사람이었다. 내가 학교에 적응하지 못하거나 뭔가 고민이 있을 때도 할머니가 아무렇지도 않은 듯 장난을 쳐 줘서 항상 마음이 편했다. 이런 일은 나를 매우 특별하다고 느끼게 했다.

가장 좋은 선물

조부모가 손주들에게 줄 수 있는 멋진 선물 중에서 돈은 그다지 중요하지 않다. 즐거운 추억을 선물하는 것은 휴가 모임, 사촌 캠프 또는 같이 하는 여행에서 함께 즐기는 것이다.

신디 플럼은 손주에게 값비싼 전자 장난감보다 크리스마스 여행을 선물해 준 것을 더 값지게 생각한다고 한다.

손주들 세대는 많은 것을 갖고 있다. 나는 손주들과 눈 덮인 콜로라도 언덕에서 튜브 타기, 눈싸움하기, 뜨거운 코코아 마시기, 밤에 함께 게임하기 등을 하며 함께 시간을 보내고자 한다. 이런 일은 곧 잊히거나 부서지는 장난감보다 훨씬 더 오래 지속될 것이다.

우리 손주는 무엇을 기억할까? 함께 책을 읽고, 같이 음식을 만들고, 손주들의 기쁨과 고통에 함께 참여하는 것이 아닐까……. 추운 12월의 어느 날에 함께 숲을 산책한다. 함께 영화를 보고 우편이나 이메일을 통해 편지 친구가 된다. 추억 스크랩북과 사진은 멀리 떨어진 우리를 함께 묶어 준다. 시간을 내어 스포츠나 제빵, 역사 또는 예술에 대한 열정을 함께 나누는 걸 손주에게 물려줄 때 우리의 함께하기는 더욱 깊어질 것이다. 이것들은 모두 평생 지속되는 시간, 참여, 사랑의 선물이다.

16

전달하기

우리의 삶은 끝이 예정 되어 있다.
유산을 남기는 것에 대해 걱정하는 대신 유산과 함께
살아가는 데에 더 많은 시간을 보내야 한다.

— 리 J. 콜란

관계 구축은 시간이 지남에 따라 천천히 일어나는 과정이다. 이 책에서 살펴보았듯이 조부모와 손주의 함께하기는 다음과 같은 일을 몇 년 동안 꾸준히 지속해야 한다.

손주들이 아기일 때는 자장가를 부르고 흔들어 준다. 손주들이 걸음마를 시작하면 까르르 웃게 하려고 불어 준다. 동물원에 가서는 손주와 단둘이 팬케이크를 먹는다. 졸업식처럼 중요한 일에는 꼭 참석한다. 격려의 카드를 보낸다. 학교에서 벌어지는 중요한 행사에 참여한다.

멀리 떨어져 살다 보면 서로에게 소원해질 수 있다. 손주들은 성장함에 따라 일상생활이 점점 바빠진다. 조부모는 손주들이 직면하는 도전에 필요한 조건 없는 사랑과 도움을 줄 수 있다. 조부모가 할 수 있는 사랑의 선물이다. 마샤 반은 다음과 같이 말했다.

"손주의 부모는 훌륭한 시민을 만들기 위해 바쁘다. 조부모도 손주의 부모처럼 가치를 강화하지만 조부모이기에 손주에게 관심과 애정을 듬뿍 줄 수 있다. 마치 부드러운 깃털 침대처럼 조부모는 손주에게 편안함을 주고 격려를 해 준다."

손주의 삶에 이혼, 죽음, 이사 같은 변화와 불확실성이 다가올 때 조부모는 안전한 장소와 안정감을 선물할 수 있다. 조부모가 구축한 사랑의 관계는 피할 수 없는 폭풍우가 닥쳤을 때 손주를 진정시켜 준다. 조부모로서 우리는 축제 전통, 관습, 신앙 및 가족 역사를 통해 전달되는 연속성의 중요한 원천이며 과거와 미래를 연결하는 사랑의 사슬을 창조한다.

조부모가 전통의 유산과 가치를 전달하면 손주들은 소속감이라는 선물을 받고 자기가 결코 혼자가 아니라는 걸 이해한다. 손주는 뿌리가 깊은 가족의 일부이다. "우리는 가족이고, 나무이고, 고조할아버지로부터 나에게 뿌리가 뻗어 와 역사에 깊숙이 박혀 있다. 우리는 푸르고 성장하는 가계도이다."라는 노랫말처럼 조부모는 긍정적이고 지속적인 가치를 다음 세대에 전해 주는 존재이다.

조부모는 손주에게 인생의 롤 모델이 되어 줄 수 있다. 조부모

> 조부모는 살아 있는 역사학자이
> 다. 과거와 함께함으로써 아이들
> 에게 역사를 가르치는 가장 좋은
> 선생이다.
>
> — 윌러드 스콧

가 스스로 자신을 보살피고 노년기에도 활력을 유지하며 살면 손주는 조부모를 그다지 걱정하지 않을 것이다! 손주의 에너지와 젊음이 조부모에게 생기를 주듯이 조부모가 건강한 모습으로 활기차게 일하며 목표를 세워 나아가는 모습을 보여 줌으로써 손주에게 미래에 관해 격려해 줄 수 있다.

> 오늘 손주들과 함께 보내는 시간은
> 손주들에게 영원히 지속될 추억을
> 준다.
>
> — 오드리 셰린스

조부모도 완벽하지 않으며 때로는 일이 계획대로 되지 않는 경우도 있다. 종종 외부적인 요소 때문에 통제할 수 없는 일에 직면할 수도 있다. 때때로 최선을 다해 노력했음에도 불구하고 실패할 수도 있다. 하지만 괜찮다. 조부모의 존재 자체가 축복이 될 수 있기 때문이다.

필리스 스탠리는 다음과 같이 말했다.

"당신처럼 우리도 손주들을 너무나 사랑하며 손주들의 삶에 참여할 수 있는 특권에 대해 감사한다. 나는 삶에 대한 피로와 의학적 문제, 때로는 쏟아지는 비판에 대해 원망하는 마음이 일기도

한다. 그러나 우리는 항복하지 않고 그만두지 않는다. 우리는 생명을 주는 존재로 부름을 받았다. 연약함 속에서도 다른 사람에게 휘둘리지 않고 힘이 닿는 한 옳은 데로 밀고 나간다."

필리스처럼 하면 단지 이번 계절뿐만 아니라 장기적으로 우리 손주들의 삶에 변화가 생긴다.

성장하는 것이 어려운 세상이다. 그러나 역사는 말해 준다. 아이들은 가장 어려운 상황에서도 자신이 무엇을 하든지 누군가 자신을 믿고 사랑한다는 것을 깨달을 때 성취를 이루고 세상에 큰 공헌을 할 수 있음을. 인생에서 '누군가 자신을 믿고 사랑한다'는 사람이 될 수 있다는 것은 얼마나 큰 특권인가! 조부모가 된다는 것은 참으로 놀라운 일이다! 그리고 손주들은 우리에게 얼마나 큰 축복이자 선물인가.

나에게 희망이 있다면, 이 책이 조부모가 된 여러분에게 많은 도움을 주는 것이다. 손주와 함께하기를 원하는 조부모에게 풍부한 아이디어를 주고, 관계 구축에 어려움을 겪는 조부모에게 따뜻한 조언을 주고, 나아가 손주들의 부모들과도 활발한 의사소통이 가능한 도움을 줄 수 있기를 기대한다. 아이들의 지저분한 손자국이 점점 벽 높은 데까지 올라가서 사라질 때까지, 여기 있는 자료들을 마음껏 즐겨라. 당신의 손주들은 생각보다 빨리 성장한다.

저자의 말

이 책을 쓰면서 동쪽에서, 서쪽에서, 북쪽에서, 남쪽에서, 훌륭하고 창조적인 사람들을 만나는 것은 기쁜 일이었다. 내가 조부모가 되었을 때, 나는 기준점이 없었다. 나의 조부모는 내가 조부모가 되었을 때 너무 나이가 많았으며 모두 여섯 명이나 되는 손주가 있었다. 그래서 내가 조부모가 되었을 때 다른 조부모들에게서 배우기를 열망했다. 그것은 꽤 힘든 학습이었다! 나는 59세에 세상을 떠날 때까지 22명의 손주들을 위해 기도하고 열성적인 할머니였던 엄마로부터 영감을 받았다. 그리고 유일한 조부모였던 사랑하는 미미와 이모할머니인 린리와 드루에게 깊은 감사를 드린다.

경험과 아이디어를 공유한 모든 할머니와 할아버지, 특별히 수년 전에 나의 마음속에 조부모 책의 씨앗을 심어 준 페기 포월, 셰리 포터, 필리스 스탠리, 자넷 페이지에게 진심 어린 감사를 드린다. 이 책을 쓰는 동안 기도해 준 사랑하는 자넷, 페기 스튜어트, 페기 파월, 베시 웨스트, 글렌나 밀러, 도리스 리틀, 캐시 워스, 신시아 톤, 수전 스튜어트, 코리 사당, 신시아 모리스, 패티 존스턴,

질 밀러. 캐시 데이비스와 래리 위든, 모두에게 감사드린다.

또한, 나의 책에 대하여 비전을 갖고 있었던 위대한 편집자 캐시 데이비스와 래리 위든에게도 감사를 드린다. 가정을 만들고 부모와 조부모를 격려하기 위한 책 출간에 다시 한번 파트너가 될 수 있는 기회를 가질 수 있게 해 준 Focus on the Family와 Tyndale House에 감사드린다.

셰리 풀러 Cheri Fuller

셰리 풀러는 인기 있는 연사이자 베스트셀러 작가로 그가 쓴 40권
의 저서는 백만 권 이상 팔렸다. 아내, 어머니, 6명의 활발한 손주
들의 할머니로서 셰리의 가장 큰 기쁨은 가정을 이룬 부모가 자녀
의 학습과 영적 잠재력을 열어 주는 데 도움을 줌으로써 다음 세대
에게 커다란 믿음의 유산을 남기는 것이다. 이제 그녀는 미국 전역

의 조부모와 손주들의 마음과 마음을 이어 주는 사명을 시작했다.

셰리는 오클라호마주의 '올해의 어머니로'로 뽑혀 많은 수련회 및 회의에서 여성들에게 연설했다. 그녀는 미국 이외에 여러 국가 사람들에게 희망과 격려를 해 주는 잡지 기사, 인터넷 칼럼을 쓰고 있다. 그녀는 '가족 서클 잡지'의 교육 작가였으며 '오늘의 크리스천 여성'과 '부모 인생'의 기고 작가이자 '가족에 집중' 및 기타 출판물의 정기적인 기고가이다.

셰리와 남편 홈스는 오클라호마에 살고 있다. 그들은 삶에 커다란 기쁨을 가져다주는 3명의 결혼한 자녀와 6명의 손주를 두고 있다.

《손주와 함께하기:손주와 마음을 이어 주는 재미있는 방법》을 이 땅의 할아버지와 할머니에게 소개하게 되어 매우 기쁘게 생각합니다. 이 번역서의 출간은 제가 오랫동안 꿈꾸어 왔던 버킷리스트 중의 하나입니다. 2013년 숭실대학교 평생교육학과 박사 과정에 입학했을 때부터 조부모와 손주 세대의 소통에 도움을 주는 일을 하고 싶었습니다. 급격한 저출산과 노령화에 직면하고 있는 한국의 현실에서 세대 간의 소통 문제는 꼭 해결해야 할 과제라고 생각합니다.

할머니와 할아버지는 손주에게는 엄마, 아빠의 역할과는 다른 차원에서 커다란 버팀목이 될 수 있습니다. 부모는 자녀가 올바른 사람으로 자랄 수 있게 하려고 사랑뿐만 아니라 때로는 엄한 역할도 해야 합니다. 하지만 조부모는 부모와는 다르게 한없이 너그럽고 편안한 안식처의 역할을 합니다. 이 책에서는 조부모와 손주가 소통할 수 있는 방법을 알기 쉽게 구체적으로 소개하고 있습니다.

조부모가 손주와 할 수 있는 재미있는 소통 방법에는 밤샘 파티, 사촌 캠프, 여행, 방문, 편지와 카드 보내기, 인터넷과 기술 활용, 사진과 앨범 만들기, 예술과 공예, 부엌에서 요리하기, 스토리텔링, 독서, 기도 등이 있습니다. 그러나 무엇보다도 이 책에서 강조하는 것은 부모와 다른 조부모의 조건 없는 사랑과 헌신이 손주의 일생에 커다란 영향을 끼친다는 것입니다.

이 책에서 저자는 6명의 손주와 함께 한 다양한 활동뿐만 아니라 주위의 다른 할머니와 할아버지가 손주와 함께하는 활동 방법을 구체적으로 제시하고 있습니다. 비록 그러한 사례가 미국의 실정에 맞도록 제시되어 있지만, 우리나라의 조부모님들께서도 손주와 활동하는 데 많은 아이디어를 제공합니다.

주위에 있는 형제자매나 지인 중에는 지금 한창 자라나고 있는 손주가 있는 분들이 많이 있습니다. 이런 조부모님들을 뵐 때마다 하루빨리 이 책이 번역되어 선물하고 싶은 생각이 간절하였습니다. 조부모가 손주를 사랑하고 귀히 여기는 것은 인지상정이지만, 구체적으로 손주와 함께 할 수 있는 방법을 몰라 고민하는 조부모님들을 보았습니다. 이 책은 손주와의 소통 방법을 알고 싶어 하는 조부모님께는 어두운 밤의 등불 같은 역할을 할 수 있으리라 감히 생각합니다.

제가 저작권 승인으로 연락하였을 때 흔쾌히 이 책이 한국의 조부모가 손주와 함께하는데 도움이 되었으면 좋겠다며 출간을 허락해 준 저자 Cheri Fuller 님께 감사드립니다. 또한, 현북스의 김남호 대표님, 전은남 편집장님과 관계자 여러분께 고개 숙여 감사드립니다.

제가 맞벌이하는 동안 사랑으로 손주를 키워 주신 시부모님과 그동안 간절히 원하였던 본서의 출간을 못 보시고 하늘나라로 떠나신 친정 부모님께 이 책을 바칩니다. 더불어 이 땅의 모든 조부모님께서 사랑스러운 손주와 이 책에 나와 있는 재미있는 활동을 하며 세대 간 소통과 화합을 이루는 데 작은 밑거름이 된다면 저에겐 더없는 영광이 될 것입니다.

2021년 12월
역자 이선화 올림